もしもし検定

第4版

電話応対技能検定 クイックマスター 電話応対

電話応対・電話メディア　ICTツール（コミュニケーションツール）　マナー

公益財団法人 日本電信電話ユーザ協会 監修

横山 達也　長島 佳美　吉村 景美 著

日本経済新聞出版

はじめに

「電話応対技能検定（もしもし検定）」は、2009年1月にスタートし、これまで10万人以上の方々が受検してくださいました。

本検定は、電話のかけ方·受け方·取り次ぎ方といった基本的な電話応対を身につけるだけでなく、人や場面、ICTツール（コミュニケーションツール：メール、SNS、Web会議等）に応じて臨機応変に対応するコミュニケーション能力を高めることを目指しています。

昨今、ビジネスコミュニケーションは、非対面のコミュニケーション（メール、SNS、Web会議等）に比重を移してきましたが、相手への思いは、文字にしろ音声にしろ、言葉に表れます。相手を思いやることができれば、自然に円滑なコミュニケーションが生まれます。本検定を通じて、相手を思いやり、自分の言葉で語ることを学んでいただけたら幸いです。

また、Z世代に代表されるデジタルネイティブの皆さんは、SNSに代表されるICTツールを使いこなしていますが、ビジネスシーンにおいては幅広い相手と円滑にコミュニケーションを取る必要がでてきます。本書を、社会に出てすぐに役立つビジネスコミュニケーションの基礎が学べる入門書として利用していただければ幸いです。

本検定を本格的に学んでいただくために、試験対策として『電話応対技能検定（もしもし検定）1・2級公式問題集』『電話応対技能検定（もしもし検定）3・4級公式問題集』を刊行しております。併せてご活用いただければ幸いです。

最後に、コミュニケーションは、基本的な知識を習得した後は、実践あるのみです。積極的にチャレンジしてみてください。

2024年3月

公益財団法人 日本電信電話ユーザ協会

目次

第3章 マナー

第4章 実技試験

「もしもし検定」の概要

■「もしもし検定」とは

「もしもし検定」は、（公財）日本電信電話ユーザ協会が実施する、電話応対に関する資格試験の愛称で、正式名称を「電話応対技能検定」といいます。

企業における電話応対やビジネスコミュニケーションのエキスパートとして即戦力になり得るチームリーダーの育成を目指し、実施されています。

４級から１級までの段階別資格と、資格取得希望者を教育する「指導者級」で構成されており、そのうち４級は、筆記試験のみで認定されます。３級以上の受検者は、所定の講習を修了後、筆記試験と実技試験によって認定されます。

■ 検定の概要

検 定 方 法：検定委員会が定める講習（授業科目および時間数）を修了し、専門委員会で定めた実技・筆記試験に合格した者に認定証を付与

※４級は筆記試験のみ実施

検定実施月：各級の検定実施月は下記の通り

４級	毎月第１水曜日※
３級	奇数月の第１水曜日※
２級	4、6、10、12 月の第１水曜日※
１級	2、8 月の第１水曜日※

※第１水曜日が祝日の場合、第２水曜日に実施

有効期間：指導者級のみ５年間の有効期間を設け、更新制とする

実施機関：（公財）日本電信電話ユーザ協会「電話応対技能検定委員会」

事 務 局：（公財）日本電信電話ユーザ協会本部

詳しくは、日本電信電話ユーザ協会のホームページをご覧ください。
https://www.jtua.or.jp/education/moshimoshi/

■ 級別の資格と検定料

基本的には、下位の級から順に受講・受検することが望ましいとされますが、経験がある受検者については２級からの受講・受検が認められています（ただし、後述の基本科目の受講が必要です）。

級	資格	検定料
４級	ビジネス電話応対に必要なコミュニケーションの基礎知識を有する	1,000円＋税
３級	ビジネス電話応対に必要なコミュニケーションの基礎能力を有する	5,000円＋税
２級	ビジネス電話応対に必要なコミュニケーションの応用能力を有する	6,000円＋税
１級	ビジネス電話応対に必要な社内の指導者として高度な実践能力および指導能力を有する	7,000円＋税
指導者級	電話応対に関する高度な知識、技能を有し、本検定の実施にあたっては、指導官や試験官などの役割を担う	10,000円＋税

■ 認定証と認定カード

合格者へは、希望により下記を有料で発行します。

● 指導者級および１級～３級の合格者

認定証　3,300円（10％税込）

認定カード（写真付き）　5,500円（10％税込）

● ４級の合格者

４級カード　550円（10％税込）

▲認定証

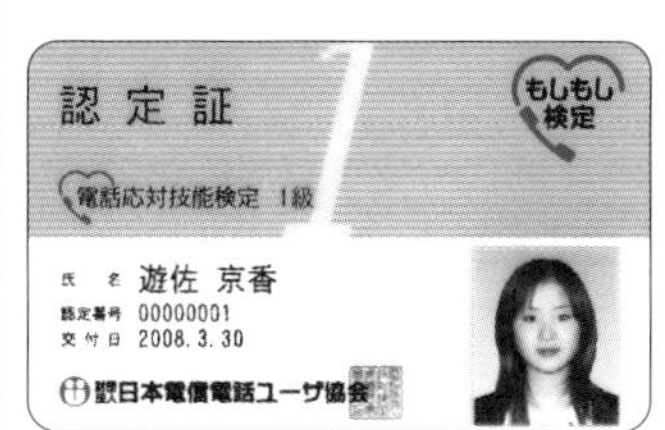

▲認定カード（写真付き）

■ 受検資格を得るために必要な講習

「もしもし検定」では、受検資格を得るために、下記の講習を修了することが必要とされています。ただし、4級には講習制度がなく、筆記試験のみで認定されます。

指導者級では、下記の講習に加えて、さらに25時間以上の講習を修了することが必要です。

	授業内容	時間数
基本科目 10時間以上	●教養ある社会人として欠かせない人格的マナー ●話し言葉・聴くこと・話すこと・気遣うこと ●敬語と言葉遣いの基本 ●発声・発音の基本 ●電話と対面コミュニケーションの違い ●さまざまなコミュニケーションツールと電話メディアの特徴 ●個人情報保護法（概要）	2時間以上 2時間以上 2時間以上 1時間以上 1時間以上 1時間以上 1時間以上
3級 基本科目＋ 5時間以上	●電話応対の基礎 ●電話の受け方、かけ方、取り次ぎ、伝言	2時間以上 3時間以上
2級 15時間以上	●電話応対の応用 ●伝え方・聴き方の基本 ●日本語の特徴 ●電話応対のメディエーションの基礎 ●電話応対のアサーションの基礎 ●電話応対のカウンセリングの基礎 ●個人情報保護法（応対者事例によるグループワーク）	5時間以上 2時間以上 1時間半以上 1時間半以上 1時間半以上 2時間以上 1時間半以上
1級 15時間以上	●クレーム電話応答 ●クレーム・紛争に関する法的知識 ●伝え方・聴き方の応用 ●電話応対のメディエーションの応用 ●電話応対のアサーションの応用 ●電話応対のカウンセリングの応用	5時間以上 1時間以上 4時間以上 1時間半以上 1時間半以上 2時間以上

試験問題の全体像

■ 試験問題について

「もしもし検定」は、自ら考え判断して的確な電話応対ができる人材の育成を目指しています。そのため、試験問題についても、マニュアルやテキストに基づく知識や技能の理解度・習熟度を見るだけでなく、状況に合わせて判断し対応できる力、相手の立場に立って考え思いやる心が備わっているかを見ることに重点を置いています。

試験問題は、筆記試験と実技試験の２種類で構成されています（4級は筆記試験のみ）。

電話応対の力を磨くには、マニュアルやテキストを理解し、忠実に実践するだけでは足りません。体験を通しての気付きや応用力、身体的、感覚的な慣れなどが必要です。そこで、本検定の受検に当たっては、まず各級ごとに設定された講習を受講していただきます（4級を除く）。講習では、各級のレベルに合わせた実践訓練などを通じて、電話応対の技能を養います。

検定試験は、この講習の卒業試験として位置づけています。出題は、一部の常識問題を除き、講習での学びの理解度を判定する問題となっています。

■ 筆記試験と実技試験

各級の検定試験の概要は、次の通りです。より上位の級に進むにつれ、試験時間が長くなります。

3級以上で実施される実技試験では、電話応対の実践能力を判定するため、電話の模擬応対（ロールプレイング）が行われます。

	1級	2級	3級	4級
検定試験	●筆記（四肢択一マークシート20問、論述1問、記述1問） ●実技（ロールプレイ）	●筆記（四肢択一マークシート20問、記述1問） ●実技（ロールプレイ）	●筆記（四肢択一マークシート20問） ●実技（ロールプレイ）	●筆記（四肢択一マークシート20問） ※3級の筆記試験と同内容
試験時間	●筆記90分 ●実技3分	●筆記60分 ●実技3分	●筆記40分 ●実技3分	筆記40分
配点	●筆記100点　●実技100点			筆記100点
合格基準	筆記試験・実技試験ともに7割以上の得点			7割以上の得点

■ 問題構成

具体的な問題構成は以下の通りです。

- 筆記試験・実技試験とも、状況設定をもとに、場面に応じて解答する問題が多く含まれています。
- 筆記試験・実技試験とも、3級は基礎的な問題となっています。2級は基礎的な問題に加え、応用力を試す問題が含まれます。1級は基礎と応用に加え、クレーム応対等の高度な応対に対応できる力を判定する問題も含まれます。
- 実技試験については、試験実施前に問題が開示されます。電話応対の技能向上に最も効果的なのは、背景等を読み込んで、問題の狙いに沿って、大まかな応対の流れを把握することです。このため、実技試験は、試験問題のその応対を実際に声に出して練習するロールプレイトレーニングを行うという事前準備をした上で臨めるようになっています。

<table>
<tr><td rowspan="2">3級
（4級）</td><td>●筆記試験
基本問題：問題群別に各領域から出題する。各領域分野の理解度を判定する。与えられた選択肢から解答する</td><td>20問</td></tr>
<tr><td>●実技試験
電話応対の実践能力（電話応対の基礎）を判定する問題
：電話の模擬応対を実演する</td><td>1問</td></tr>
<tr><td rowspan="3">2級</td><td>●筆記試験
基本問題：問題群別に各領域から出題する。各領域分野の理解度・応用力を判定する。与えられた選択肢から解答する</td><td>20問</td></tr>
<tr><td>記述問題：各領域の中から出題する。各領域分野の理解度を判定する。短いフレーズの記述により解答する</td><td>1問</td></tr>
<tr><td>●実技試験
電話応対の実践能力（電話応対の応用）を判定する問題
：電話の模擬応対を実演する</td><td>1問</td></tr>
<tr><td rowspan="4">1級</td><td>●筆記試験
基本問題：問題群別に各領域から出題する。各領域分野の理解度・応用力を判定する。与えられた選択肢から解答する</td><td>20問</td></tr>
<tr><td>記述問題：各領域の中から出題する。各領域分野の理解度・応用力を判定する。短いフレーズの記述により解答する</td><td>1問</td></tr>
<tr><td>論述問題：各領域の中から出題する。与えられたテーマをもとに、電話応対のチームリーダーとしての考え方や資質を判定する。数百字程度で解答する</td><td>1問</td></tr>
<tr><td>●実技試験
電話応対の実践能力（電話応対の応用）を判定する問題
：電話の模擬応対を実演する</td><td>1問</td></tr>
</table>

※4級は筆記試験のみ実施

■ 領域について

筆記試験は、下記の領域から出題します。

●日本語　●ICTツール（コミュニケーションツール）　●カウンセリング
●メディエーション　●マナー　●電話応対・電話メディア　●アサーション
●法的知識

■ 問題群について

下記の３つの問題群別に、各領域から出題します。

問題群1	電話応対を理解・実践するために、前提となる社会人としての能力や知識を問う問題群
問題群2	電話応対を理解・実践するために、直接必要となる知識等を問う問題群
問題群3	電話応対を状況に応じて考え、実践していくための能力を問う問題群

■「もしもし検定」スキルチェック表の解説

実技試験では、ビジネス電話として『顧客満足度を達成するために』企業や組織を守り、人の心と言葉を大事にした人間的に温かみのある愛ある応対であったかを下記の項目ごとに審査します。

最初の印象　5点

- 挨拶、社名の名乗り、取り次ぎ方など、オープニングの好感度

基本応対スキル　20点

- 自然な抑揚、テンポ、表情で話しているか
- 声柄や話し方は聞きやすく好感が持てるか
- 敬語や応対用語など、言葉遣いは適切か
- パターン化した言語ではなく、場に合った表現の工夫がみられるか

コミュニケーションスキル　20点

- お客様の言葉をしっかり聴き取り、きき出しているか
- お客様の話を要点を押さえて正しく理解しているか
- ポイントを押さえた無駄のない、わかりやすい説明ができているか
- 手際のよい応対、処理ができているか

情報・サービスの提供　20点

- お客様が知りたいことを的確に答えているか
- お客様の期待以上の情報・サービスの提供ができているか
- 確かな業務知識・情報を持っているか
- この応対を通じてお客様の信頼感を高め得たか

最後の印象　5点

- 挨拶、名乗り、大事なことのくり返しなど、次につながる心のこもったクロージングであったか

全体評価　30点

- 全体を通して、お客様に満足していただける応対であったか

減点について（試験細則　第５章実技試験　第５条より）

- 時間超過は、３分を超えた場合は、15秒ごとに試験官１名につき１点を減点する

各級の到達目標

級	対象例	到達目標
4級	ビジネス電話応対を行うためのコミュニケーションの基礎知識を有することを目指している人	【求められる意識レベル】 ●一本の電話が会社の評価を定めるという、職業人意識を持つ 【知っておくべき知識の範囲】 ●電話応対において必要な基本応対スキル（発声・発音・敬語・応対用語等）の知識 ●電話応対を理解・実践するために、前提となる社会人として必要な基本的なビジネスマナー（挨拶・訪問・接遇・身だしなみ等）の知識 ●電話応対において必要な個人情報保護法の基礎知識 ●さまざまなコミュニケーションツールの特徴
3級	ビジネス電話応対を行うためのコミュニケーションの基礎能力を有することを目指している人	【求められる意識レベル】 ●一本の電話が会社の評価を定めるという、職業人意識を持つ 【知っておくべき知識の範囲】 ●電話応対において必要な基本応対スキル（発声・発音・敬語・応対用語等）の知識 ●電話応対を理解・実践するために、前提となる社会人として必要な基本的なビジネスマナー（挨拶・訪問・接遇・身だしなみ等）の知識 ●電話応対において必要な個人情報保護法の基礎知識 ●さまざまなコミュニケーションツールの特徴 【電話応対における実践レベル】 ●電話応対の基本（受ける・かける・取り次ぐ・伝言する）ができる
2級	ビジネス電話応対を行うためのコミュニケーションの応用能力を有することを目指している人	【求められる意識レベル】 ● CS（顧客満足）の意識を持ち、応対業務ができる 【知っておくべき知識の範囲】 ●日本語の話し言葉の特性。電話応対において必要な伝え方・聞き方の基本的な知識 ●電話応対を理解・実践するために、社会人として必要なビジネスマナー（接遇・仕事の基本・紹介・席順等）の知識

級	対象例	到達目標
2級	◆入社3年以上の経験者・一通りの業務知識を持った者・電話応対専門業務従事者等	●電話とさまざまなコミュニケーションツール（対面コミュニケーションを含む）の違いに関する知識 ●電話応対に生かせる「アサーション」「カウンセリング」「メディエーション」などのコミュニケーションスキルについての基本的な知識 ●電話応対において必要な個人情報保護法の実務面での知識 【電話応対における実践レベル】 ●電話応対の応用（電話応対のさまざまな場面で、的確な判断を持って適切に応対することができる。「要望にこたえきれない」「お断りをする」「お詫びをする」「要望を伝える」などの場面で、相手が受け入れやすいように応対すること）ができる
1級	ビジネス電話応対を行うための社内の指導者として高度な実践および指導を行う能力を有することを目指している人 ◆社内での指導者・教育担当者など指導者的な立場にある社員。社内講師を目指す社員等	【求められる意識レベル】 ●チームリーダーとして、優れた人格識見を有し、他のメンバーの手本となる電話応対業務ができる 【知っておくべき知識の範囲】 ●電話応対において、心を伝えるための場に応じた伝え方・聞き方の応用知識 ●電話応対を状況に応じて考え、実践してゆくための社会人として必要なビジネスマナー（接遇・紹介・席順・冠婚葬祭等）の知識 ●電話をはじめ他のさまざまなコミュニケーションツールの特性を踏まえて、効果的に使いこなすための知識 ●電話応対において「アサーション」「カウンセリング」「メディエーション」などのコミュニケーションスキルの手法を生かした応対を実践でき、チームメンバーへの指導に生かすことができる知識 ●電話応対において必要な、法律（個人情報保護法を含む）知識 【電話応対における実践レベル】 ●電話応対の社内の指導者として、ビジネス場面を中心とした高度なコミュニケーション能力について、指導することができる （電話応対を聴いて、「良い点」「改善点」を的確に判断し、アドバイスすること。お客様からの指摘や苦情（クレーム）に対し、責任ある応対ができること）

「電話応対技能検定委員会」委員名簿　敬称略　委員50音順

役　職	現　職	氏　名
委員長	国際教養大学　日本語教育実践領域　特任教授	伊東　祐郎
委　員	いなば法律事務所　弁護士 元中京大学法科大学院教授 元大阪地方裁判所判事　元法務省検事	稲葉　一人
委　員	(一財) NHK放送研修センター 元理事　日本語センター長	岡部　達昭
委　員	京都大学大学院医学研究科講師 弁護士	岡村　久道
委　員	(公財) 日本電信電話ユーザ協会　理事長	黒田　吉広
委　員	(公財) 日本電信電話ユーザ協会　会長 株式会社みずほフィナンシャルグループ　顧問	中野　武夫
委　員	劇作家・演出家 東京藝術大学COI推進機構特任教授	平田オリザ
委　員	立命館大学　衣笠総合研究機構　客員研究員 元NHKエグゼクティブアナウンサー	三宅　民夫

「電話応対技能検定専門委員会」委員名簿　敬称略　委員50音順

役　職	現　職	氏　名
委員長	いなば法律事務所　弁護士 元中京大学法科大学院教授 元大阪地方裁判所判事　元法務省検事	稲葉　一人
委　員	(株) アクシア　代表取締役社長	岩野敬一郎
委　員	税務研究会　出版局　編集者	上野恵美子
委　員	(公財) 日本電信電話ユーザ協会　専務理事	俁田　達男
委　員	(株) NTTドコモ	横山　達也

(2023年11月24日現在)

本書の特長

本書は、テキストと過去問から構成されており、「もしもし検定」の学習を効率的に進められるよう、さまざまな工夫をしています。

テキスト

1・2級

1・2級の試験範囲です。3・4級を目指している方は、読み飛ばしても構いませんが、実務で役立つ内容なので、時間があるときに目を通してください

重要度

出題頻度や重要性に応じて3段階で評価しています。星の数が多いほど、重要な項目です

06
1・2級
重要度 ★★★
クレーム電話
「聴く力」が特に求められるのが、クレーム電話です。
相手の要望を正確に聴きとることが解決につながります。

1 クレーム電話の初期対応（一次対応）

クレームはお客様の思いです。サービス向上や業務改善など、組織が変わるためのヒントが隠れていることもあります。誠実な対応を心がけましょう。

初期対応（一次対応）のポイント

- 傾聴し、お客様の気持ちを受け止める
- 要望を正確に把握する
- 解決策をわかりやすく伝える
- 迅速、かつ誠意をもって対応する

基本の流れ

必ず以下のとおりに進むわけではありませんが、ポイントや流れを把握しておくと、落ち着いて対応できます。

❶まずは、相手の話を聴く

❷丁寧にお詫びの言葉を述べ、状況や相手の要望を把握する

「このたびはご迷惑をおかけして、誠に申し訳ございません」
「○○○○ということですね。申し訳ございませんでした」

68

読みやすく覚えやすく重要事項を整理

ポイントや注意点をわかりやすくまとめています。とくに重要なものは赤字で記しました。付属の赤シートを活用して覚えましょう

携帯電話で受ける際の注意点

- 電波の状況を確認し、静かな場所で電話を受ける
- 第一声の名乗りは、「はい、〇〇会社、△△でございます」
- 歩きながら会話をしない
- 応対できないときは、メッセージ送信機能や留守番電話機能を活用する
- 外出先で受けるときは、情報漏えいに十分気をつける

こんなときどうする？

1 相手が名乗らない

相手が名乗らないまま、「□□さん、お願いします」と名指し人を呼び出したり、用件を話し始めてしまったときは、「失礼ですが」「恐れ入りますが」などのクッション言葉を用いて、相手の会社名と名前を確認しましょう。

ワンポイントアドバイス

会社案内や、ホームページで公開している情報についての問い合わせの電話である場合には、相手の名前を聞く必要がないときがあります。

2 相手の声がよく聞き取れない

「お電話が遠いようなのですが……」「電波の状況が悪いようなのですが……」など、機器や電波に問題があるような表現を使います。

ここに注意

「声が小さいようなのですが……」「もう少し大きな声でお話しいただけますか」など、相手を責めるような言い方はNGです。

40

ワンポイントアドバイス

重要な項目やきちんと知っておいてほしい項目について、説明を補足しています

ここに注意

試験で間違えやすい項目や引っかかりやすい項目を取り上げています

過去問

問題演習

各項を学習したら、過去問を解いてみましょう。テキストの内容を本当に理解できているかを確認できます。間違えてしまったら、もう一度テキストに戻って、学習しましょう

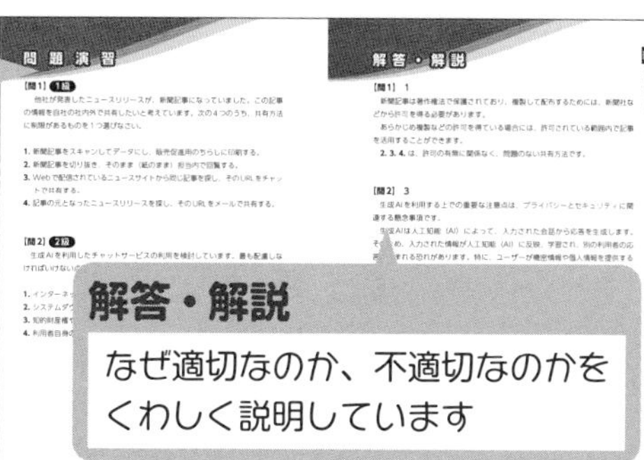

解答・解説

なぜ適切なのか、不適切なのかをくわしく説明しています

第1章
電話応対・電話メディア

使い方が多様化した電話。
固定電話と携帯電話、オフィスワークとリモートワーク、
様々なビジネスシーンに合わせた
電話の使い方が求められています。
電話のかけ方、受け方、取り次ぎ方、言葉遣い、
クレーム電話について学びましょう。

01 電話応対の基本

重要度 ★★★

電話応対はしっかり基礎を身につけることが大切です。
基本的な考え方にあるポイントを押さえ、
求められる6つのスキルを磨きましょう。

1 基本的な考え方

電話応対では、あなたの印象の良し悪しが、会社の印象を決めます。電話をかけるときも受けるときも、あなたが会社の代表であるという自覚を持って応対しましょう。

電話応対の３つのポイント

- 迅速に　（相手の時間を頂いているという意識）
- 正確に　（伝える情報・聴き取る情報のどちらも重要）
- 親切丁寧に　（あなたの印象が会社の印象になる）

電話応対の６つのスキル

- 聴く力（用件を聴き取る）
- 業務知識（正確な情報と業務知識を持つ）
- 判断力（何を答えるべきか判断する）
- 説明力（わかりやすく説明する）
- 基本応対スキル（聴き取りやすく話す）
- 心配り（思いやりのある応対をする）

2 電話応対の心構え

固定電話で応対する場合と、携帯電話で応対する場合があります。共通の心構えと、それぞれの場合に応じて異なる心構えがあります。

共通の心構え

- 声は、明瞭に出して応対する
- 騒音、雑音の少ない場所で話す（だれかが電話中の場合、周囲の人は静かにする）
- メモを取る準備をしておく

固定電話の場合

- コール音が鳴ったらすぐに出る（3回以内）
- 利き手と反対の手で受話器を持つ（利き手はメモを取るためにあけておく）
- 電話を切るときは静かに受話器を置く（フックを指で押して切る）

携帯電話の場合

- 会社代表電話か、個人宛の電話か、それぞれにふさわしい応対をする
  〈例〉「（会社代表）〇〇会社でございます」
  　　　「（個人）はい、山田でございます」
- こちらから電話を切るときは3秒数えて切る
- ふさわしい場所で通話し、公共のマナーを守る
- スピーカー機能で話す場合は、周囲への配慮や情報漏えいに注意する

3 ビジネス電話の話し方

- 口角を上げて、明るい声で発声する（理由がない限り明るい笑顔の声で）
- 状況に応じた挨拶をする
〈例〉「おはようございます」、「いつもお世話になっております」など
- 早口にならないように、間（ま）を大切にして話す
- 相手が理解し、納得しているかを確かめながら話す
- 相手の話を聞いていることがわかる相づちを打つ
〈例〉「はい」、「そうですか」など
- 話す順序に気をつけて、簡潔に話す（基本は、「①件名 ②結論 ③詳細」の順序で話す）
- 専門用語や漢語、書面で使用する書き言葉はできるだけ避けて話す
- 肯定的な言い回しを使う
〈例〉「……でお間違いないでしょうか」
→「……でよろしいでしょうか」など

ここに注意

普段より大きな声で話したり、余計な抑揚をつけたりして話す必要はありません。また、送話口（マイク）に強く発声すると、相手にブレス音を聞かせる原因にもなります。適切な声の大きさを考えて話しましょう。

問題演習

【問1】 3・4級

電話応対で、情報を、相手に正確に伝えるためには、どのような点を意識したらよいでしょうか。不適切なものを次の中から１つ選びなさい。

1. 経緯や理由を先に伝えてから、結論を話す。
2. 相手が何を知っているのかを探る。
3. 一文をできるだけ短くして話す。
4. 相手が何を知りたいのかをまず聞く。

解答・解説

【問1】 1

電話応対では、音声のみで情報を伝えます。相手は、耳から聞く情報で、理解しなくてはなりません。そのため、話し手（情報を伝える側）は、相手が理解しやすいように、話し方を工夫する必要があります。

1. 電話応対に限らず、情報を伝えるときは、相手が理解しやすい順番で話します。もしもし検定では、初めに「件名」、次に「結論」、最後に「詳細」の順番を、おすすめしています。よって、「経緯や理由（詳細）」を話すのは、「結論」を話した後が望ましいです。

2. 相手が何を知っているのかを探るのは、情報を、相手に正確に伝えるための工夫として、効果的です。

3. 一文をできるだけ短くして話すのは、情報を、相手に正確に伝えるための工夫として、効果的です。

4. 相手が何を知りたいのかをはじめに聞くのは、情報を、相手に正確に伝えるための工夫として、効果的です。

コラム 姿勢・態度の形成

もしもし検定では、電話応対をメインとし、対面での応対やICTを使った応対など、ビジネスコミュニケーションで必要となる知識やスキルを幅広くカバーしています。電話応対の検定試験であるにもかかわらず、なぜ幅広くカバーする必要があるのでしょうか。

ビジネスシーンでは、お客様、お取引先、社内などコミュニケーションの相手が多数います。相手に合わせて、その時々で、コミュニケーションの形態を変えて、最適なコミュニケーションとなるよう努めますが、忘れてはならないことがあります。それは、「コミュニケーションの相手とは、1対1の関係である」ということです。

コミュニケーションの相手は、言葉遣い、服装、所作、知識などのコミュニケーションの「部分」も見ていますが、それ以上に、信頼感、誠実さ、懸命さといった、「普段からの姿勢や態度」を見ています。電話で顔が見えなくても、メールで声色がわからなくても、多少の誤りや失敗があっても、一定のコミュニケーションができるのは、相手にあなたの姿勢や態度が伝わっているからです。

個人として、また、企業としての姿勢や態度が相手の目にどのように映っているかを常に考えておく必要があります。

重要度 ★★★

電話のかけ方

**電話をかけるときは、
相手の時間を頂いていることを意識します。
基本的な一連の流れを確認しましょう。**

1 基本のかけ方

電話をかけるときのポイント

- かける前に、相手先の連絡情報や用件を整理しておく
- 会社名と名前をはっきり名乗る
- 携帯電話にかけた場合、相手が話せる状態か確認する
- 相手の勤務スケジュールを確認できた場合、電話をかける時間に配慮する
- 基本はかけたほうが先に電話を切る

ワンポイントアドバイス

電話の基本ルールでは、かけたほうから切りますが、相手が目上の方やお客様の場合、相手が切るのを待ってから切ることもあります。相手に配慮した応対を心がけましょう。

時代の変化に伴う、電話応対のあり方

ワークインライフによる勤務時間の変化や、テレワークによる働き方の多様性を受けて、電話応対のあり方にも変化が生じています。たとえば、日ごろの付き合いによっては、電話をかける前にSNSで相手の都合を確認することもあるようです。わざわざ会社に電話をかけて、受話した人に手数をかけるよりも配慮した行為とも言えるかもしれません。「基本」は大切ですが、相手にとって何が適切かを考えた応対をしましょう。

基本の流れ（会社の電話番号にかける場合）

❶あらかじめ用件を整理しておく（メモや必要な書類などを準備する）

❷相手先の連絡情報（部署名、役職、フルネーム、電話番号）を確かめてからかける

❸会社名と名前をはっきり名乗り、名指し人の名前を伝える

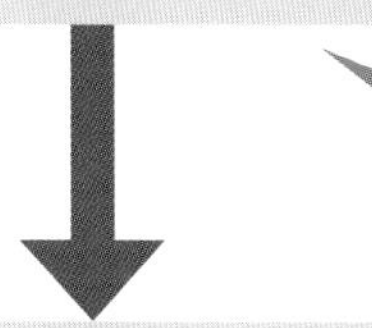

「○○会社××部の□□と申します。営業部の△△様をお願いいたします」

❹名指し人が出たら、再度、会社名と名前を名乗り、所要時間を伝える

「ただいま、3分ほどお時間よろしいですか」

❺簡潔に要領よく用件を話す

「○○の件でお話があります。……」

❻大切な用件や、約束事は復唱して互いに確認する

「○○の件、よろしくお願いいたします」、「来週○日○曜日10時から伺います」など

❼丁寧に挨拶して、静かに電話を切る

「お時間を頂きまして、ありがとうございました」、「今後ともよろしくお願いいたします」、「失礼いたします」など

用件の伝え方

- 5W3H（When［いつ］、Where［どこで］、Who［だれが］、Why［なぜ］、What［何を］、How［どのように］、How many［どのくらい］、How much［いくら］）で整理した形で伝える
- 相手がメモを取りやすいように話す
- 相手が復唱しない場合で大切な用件は、こちらから再度伝えるようにする

ワンポイントアドバイス

電話で用件を伝えたとしても、注文内容や細かな用件が含まれている場合は、改めて、メールで送信することも提案するとよいでしょう。自分はちゃんと伝えたつもりでも、正確に伝わったかどうかはわかりません。ビジネスにおいて、正しく情報を伝えたかどうかは、伝えた側の責任だと心得ましょう。そうすることで、余計なトラブルを回避できます。

こんなときどうする?

1 相手が携帯電話で話し中のとき

携帯電話は、着信履歴が残ることもありますが、こちらの用事でかけた場合、相手からの折り返しを待つのではなく、しばらくして自分から再度かけ直しましょう。

2 途中で切れたとき

かけたほうがかけ直します。特にこちらの原因で切れた場合は、「申し訳ございません。電話が切れてしまいました」などと詫びてから話を続けてください。

かけ直したときに、必ず話していた相手が出るとは限りません。相手を確かめてから話の続きに入りましょう。

3 間違い電話をかけてしまったとき

「失礼いたしました。間違えました」と丁重に詫びましょう。「○○○－○○○○番ではありませんか」とたずねておくと、同じ間違いをすることはありません。

4 相手が不在のとき

戻る時間をたずね、こちらから再度電話します。こちらの用事で相手に折り返しの電話をお願いするのは、失礼です。

5 伝言を頼むとき

「恐れ入りますが、お帰りになりましたら、＜○○○○＞とお伝え願えませんでしょうか」のように、丁寧にお願いします。

重要なのは、伝言をお願いした人の名前を確認することです。相手から名乗りがない場合は、自分の名前を言ってから、相手の名前をきくようにしましょう。

6 FAXを送信するとき

ビジネスで会社にFAXを送信する場合は、送信したい相手に連絡して、FAXを送信することを伝えます。送信日時やFAX番号の指示があるかもしれません。特に番号を間違えることによる誤送信は、情報漏えい防止の観点からも絶対にしてはなりません。

FAXは、相手の会社のだれに見られるかわからないので、内容によっては十分に配慮しなければなりません。また、相手が受け取ったかどうかを確認したほうが安心なので、再度連絡を入れて、送達を確認しましょう。

7 メールを送信したことを伝えるとき

通常、メールを送信したことを電話で伝えることはしませんが、急いでメールを見てもらいたい場合などで相手に電話をかけたときは、送信日時を伝えます。

8 電話に出たお客様が名乗らない（特に個人宅）

個人のお客様の場合、「はい」「もしもし」と言って電話を受けても、名乗らないことがあります。そのときは、先に会社名と自分の名前を名乗り、「○○様のお宅でしょうか」、「○○様でいらっしゃいますか」と確認しましょう。

9 電話を受けた人の家族に代わってほしいとき（特に個人宅）

電話に出た人のパートナーに代わってほしいとき、「夫」を「ご主人様」「旦那様」、「妻」を「奥様」と呼ぶのは、現代にそぐわないという意見があります。

また、高齢者を「おじい様」「おばあ様」と呼ぶのも避けたほうがいいでしょう。名前がわかっているのであれば、「山田太郎様はいらっしゃいますか」のように、フルネームで呼ぶのが適切です。

10 欠勤の電話をかける場合

体調不良などで会社を休むときは、なるべく早めに直属の上司に連絡しましょう。連絡手段は電話に限りませんが、無理のない範囲で、その日の仕事への対処など相談すべきことも併せて連絡しましょう。

2 留守番電話

留守番電話は、固定電話に残す場合と、携帯電話に残す場合があります。いずれの場合も個人情報や機密情報の取扱いに注意し、以下のことを意識して話しましょう。

ポイント

- 電話をかける前に、留守番電話につながることも想定して、用件を整理しておく
- 用件は簡潔に、聞いた相手がわかりやすいメッセージを残す
- 普段の電話より、ゆっくりと明瞭に話す

メッセージの残し方

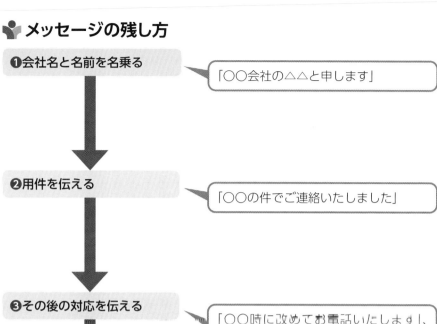

❶会社名と名前を名乗る

「○○会社の△△と申します」

❷用件を伝える

「○○の件でご連絡いたしました」

❸その後の対応を伝える

「○○時に改めてお電話いたします」、「後ほどメールをお送りしますので、ご確認いただけますでしょうか」　など

❹簡潔に挨拶言葉を言う

「失礼いたします」

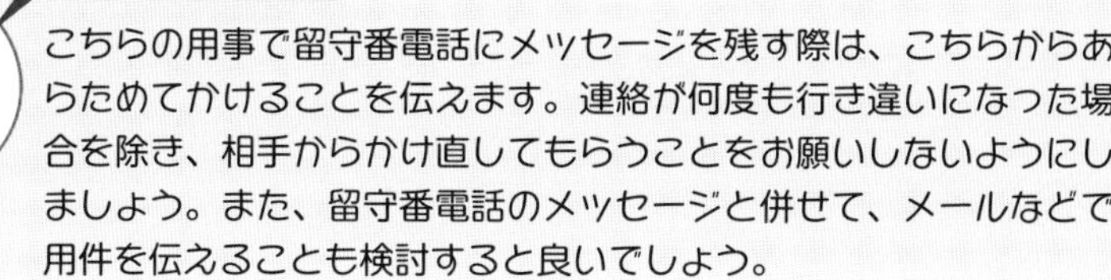

ワンポイントアドバイス
こちらの用事で留守番電話にメッセージを残す際は、こちらからあらためてかけることを伝えます。連絡が何度も行き違いになった場合を除き、相手からかけ直してもらうことをお願いしないようにしましょう。また、留守番電話のメッセージと併せて、メールなどで用件を伝えることも検討すると良いでしょう。

問題演習

【問1】 **3・4級**

携帯電話の留守番電話に伝言を録音するとき、あえて伝えなくてもよい項目はどれですか。次の中から1つ選びなさい（場面は、ビジネスシーン〔社外〕です）。

1. 自分の会社名と名前を言う。
2. 相手の名前を言う。
3. 用件を簡潔に言う。
4. 伝言を残した日にちと時間を言う。

【問2】 **3・4級**

電話をかけるときの基本のマナーとしてふさわしくないものはどれですか。次の中から1つ選びなさい。

1. 話すべき要点を事前にメモに書いておく。
2. 相手が今電話で話ができる状況か確認する。
3. 自分の名前をはっきり名乗る。
4. 相手が切るまで切ってはならない。

【問3】 3・4級

電話で次のことを伝える場合、どれが最も相手にわかりやすい伝え方ですか。次の中から1つ選びなさい。

1. 大会議室なら、今週は火曜日の午前と、木曜日の午後と、金曜日終日が空いています。

2. 今週、大会議室は、火曜日の午前と、木曜日の午後と、金曜日終日の3つの時間帯が空いています。

3. 今週、大会議室が空いているのは、3つの時間帯で、火曜日の午前と、木曜日の午後と、金曜日終日です。

4. 大会議室の今週の空き状況を申し上げます。空いている時間帯は3つあります。終日空いているのは金曜日です。あと、火曜日の午前と木曜日の午後が空いています。

【問4】 **3・4級**

　取引先から紹介を受けて、初めてA社の中村さん宛に電話をかけたところ、本日は在宅テレワーク中で、明日は出社するとのことでした。

　急ぎの用件ではありませんが、早めに連絡を取りたいと思っています。

　そこで、電話口の方に、次のように言いました。適切なものはどれですか。1つ選びなさい。

1.「中村さんの携帯電話番号を教えていただけますか」

2.「中村さんのメールアドレスを教えていただけますか」

3.「中村さんから電話をいただけるよう伝えていただけますか」

4.「中村さんに明日お電話しますと伝えていただけますか」

解答・解説

【問1】 4

1. 携帯電話の留守番電話の場合は、「何番からかかってきたのか」または、「だれからかかってきたのか」が、わかるようになっています。そのため、自分の名前や会社名、電話番号などの基本情報を言わなくてもよいと考えることがあるかもしれません。しかし、ビジネスで電話をした場合は、相手に余計な手間をかけさせないために、必ず、「会社名」と「自分の名前」を名乗ります。

2. 間違い電話を防止するためにも、「○○さんの携帯電話に電話しております」と、相手を確認してから伝言を残すことは、相手の安心感や信頼感につながります。

3. 「用件」は、留守番電話に残す必要がある項目です。

4. 「伝言を残した日にちと時間」は、特に必要がなければ、録音しなくても問題ない項目です。何時に電話したかを伝える必要があるときは、伝言を残した日にちと時間を言うのではなく、「▲▲様でしょうか？ ××の件でお電話いたしました、○○会社の△△です。1時間後の3時にこちらからまたご連絡させていただきます」のように、簡潔に言うことができます。

固定電話への留守番電話は、だれが聞くかわからないため、最初に「○○さんにお電話しております」と、だれへ向けた伝言なのかを言います。携帯電話への留守番電話であっても、「○○会社の△△です。××さんにお電話しております」のように、最初に自分の名前を名乗ってから相手を確認しても、差し支えありません。留守番電話の録音は、マナーとしての決まりはなく、伝言の内容や職場環境によって異なります。固定電話への留守番電話には神経を使うのに、携帯電話だと雑になる人がいますが、ビジネスで、携帯電話へかけていることを忘れないでください。また、伝言を残さず、何も言わずにいきなり切ることはマナー違反です。

【問2】 4

電話は、かけたほうから切るのが、基本のマナーです。

相手が、自分よりもずっと地位が高い人物であるときなどは、たとえ自分から電話をかけた場合であっても、相手が切るのを待つことがあります。しかし、基本は、「失礼いたします」などと言った後に、かけたほうから切ります。

したがって、正解は**4.** です。

【問3】 4

話し言葉で、情報をわかりやすく伝えるには、情報を整理して、「話す順序」と「話の組み立て」を考えることが大切です。もしもし検定がおすすめしているのは、「一に件名、二に結論、三に詳細」（①件　②結　③詳細）という順序です。

1. 初めに件名（これから伝える情報が、何の情報なのか）を言わずに、いきなり、曜日と時間帯を並べて伝えているため、聞き手にとってわかりにくい伝え方です。「空いています」という言葉を言わずに、いきなり、曜日と時間帯を伝えても、相手は、何の時間帯なのか確信がもてません。

2. 初めに件名（これから伝える情報が、何の情報なのか）を言わずに、いきなり、曜日と時間帯を並べて伝えているため、聞き手にとってわかりにくい伝え方です。しかし、「3つの時間帯」という言葉（情報をまとめる数字）を伝えているため、**1.** よりはわかりやすい伝え方です。

3. 件名（これから伝える情報が、何の情報なのか）の次に、結論（まとめ）を言い、最後に具体的な時間帯を伝えているので、わかりやすい順序になりました。ただ、全体が１センテンスなので、早口で言われると、聞き手の理解が追いつかない恐れがあります。

4. センテンスを４つに分けて伝えています。また、「件名」⇒「結論」⇒「詳細」の順に説明しているため、簡潔で、わかりやすい伝え方です。

【問4】 4

取引先から紹介を受けたとはいえ、まだ会ったことのない方の携帯電話番号や、メールアドレスなどの個人情報をたずねるのは控えます。また、早めに連絡を取りたいという思いはあっても、急ぎの用件ではありません。よって、中村さんから電話をしていただくのは、相手への配慮に欠けます。

設問のような場合は、電話した理由を簡潔に述べて、中村さんの出社日に改めて電話をかけることを伝えてもらう程度にするのが、適切です。したがって、正解は**4.** です。

重要度 ★★★

電話の受け方

電話はかけるよりも受けるほうが難しいといわれています。
自信をもって応対できるよう、
受け方の基本をマスターしましょう。

1 受け方の基本

基本の流れ（固定電話）

❶コール音が鳴ったら、3回以内に出る（利き手と反対の手で受話器を取り、メモを取る準備をしておく）
・コール音3回以上の場合：「お待たせいたしました」
・コール音5回以上の場合：「大変お待たせいたしました」

❷第一声の名乗りは明るい声で、感じ良く

「はい、○○会社でございます」
「はい、○○会社　□□課　△△（個人名）でございます」

＜午前11時ごろまで＞
「おはようございます、○○会社でございます」

❸相手が名乗ったら、復唱して挨拶をする

「◇◇様、いつもお世話になっております」

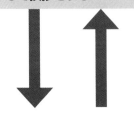

相手が名乗らなかったら、名前を確認する

「失礼ですが、どちら様でしょうか」
「恐れ入ります。お名前を伺えますでしょうか」
「恐れ入りますが、お名前をお聞かせくださいますか」

❹用件をたずねる（伝言を受けたら必ず復唱する）

取り次ぐ場合　　：「□□でございますね。少しお待ちください」
伝言を受ける場合：「復唱いたします。……ですね」

❺最後に自分の名前を伝える

「私、△△と申します（△△が承りました）」

❻終わりの挨拶をして、相手が電話を切ったことを確認してから静かに電話を切る（指でフックを押す）

「お電話ありがとうございました。失礼いたします」

ワンポイントアドバイス

相手は、自分がかけた先に、電話が確実につながったか知りたいので、第一声の名乗りは、聞き取りやすい声ではっきりと伝えることを意識します。「いつもお世話になっております」「お疲れさまです」などの挨拶は、相手が名乗ってから言いましょう。

携帯電話で受ける際の注意点

- 電波の状況を確認し、静かな場所で電話を受ける
- 第一声の名乗りは、「はい、○○会社、△△でございます」
- 歩きながら会話をしない
- 応対できないときは、メッセージ送信機能や留守番電話機能を活用する
- 外出先で受けるときは、情報漏えいに十分気をつける

こんなときどうする?

1 相手が名乗らない

相手が名乗らないまま、「□□さん、お願いします」と名指し人を呼び出したり、用件を話し始めてしまったときは、「失礼ですが」「恐れ入りますが」などのクッション言葉を用いて、相手の会社名と名前を確認しましょう。

ワンポイントアドバイス

会社案内や、ホームページで公開している情報についての問い合わせの電話である場合には、相手の名前を聞く必要がないときがあります。

2 相手の声がよく聞き取れない

「お電話が遠いようなのですが……」「電波の状況が悪いようなのですが……」など、機器や電波に問題があるような表現を使います。

ここに注意

「声が小さいようなのですが……」「もう少し大きな声でお話しいただけますか」など、相手を責めるような言い方はNGです。

❸ 電話が途中で切れてしまった

電話が切れてしまったときは、かけたほうからかけ直すのが基本ルールです。ただし、相手がお客様や目上の人である場合は、こちらからかけ直すほうがよいでしょう。

❹ 連絡しようと思っていた相手から電話がかかってきた

まずは相手の用件を聞き、自分の用件は後回しにします。「頂いた電話で恐れ入りますが、私からも一つお伝えしたいことがございます。よろしいでしょうか」と許可を得て、自分の用件を簡潔に伝えます。

❺ 間違い電話がかかってきた

「何番へおかけでしょうか。こちらは×××－××××の○○会社です」と電話番号を確認し、丁寧に応対します。

間違い電話だからと邪険に扱うと、会社の評判を落としかねません。また、何も言わずに切ってしまうと、再度電話がかかってくる可能性がありますので、注意しましょう。

❻ 業務とは関係のないセールスの電話を受けた

用件をたずね、セールス電話だとわかった時点で「申し訳ありませんが、このようなお電話はお断りするように言われております。失礼いたします」と丁重に断り、電話を切ります。

電話で答えていいこと・いけないこと

会社や社員のことについて聞かれたとき、会社案内やホームページで公開している情報であれば、答えても構いません。誤って、個人情報を伝えてしまうことがないよう、答えていいことと答えてはいけないことを、きちんと理解しておきましょう。

○電話で答えていいこと	×電話で答えてはいけないこと
公開している情報 ・会社の住所 ・会社の最寄り駅 ・最寄り駅から会社までの道順 ・社長の名前　など	個人情報 ・社員の名前 ・社員の携帯電話番号 ・社員のメールアドレス 非公開の情報　など

ワンポイントアドバイス

相手がすでに名刺交換などをしていて面識がある人の場合は、携帯電話番号やメールアドレスを教えても、個人情報の漏えいには当たりません。

2 伝言メモ

メモの基本スタイル

相手が名乗ったときから、メモを取り始めます。用件が確実に伝わるよう、次の項目は記入するようにしましょう。

- 宛名（だれに対しての伝言か）
- 電話を受けた日時
- 相手の情報（名前、会社名、電話番号など）
- 用件（伝言内容）
- 電話を受けた人の名前

ワンポイントアドバイス

伝言の残し方は紙のメモだけでなく、メールやチャットなど多様化してきています。いずれの方法でも、本人に用件が伝わったかどうかを確認するのが大切です。また、紙の伝言メモを廃棄する際は、情報セキュリティの観点からも十分に注意する必要があります。

感じのよい復唱とは

伝言や注文内容などを確認する際は、すべてを繰り返すのではなく、要点を絞って伝えます。ただし、以下の内容については必ず復唱しましょう。

- 相手に関する情報（会社名、名前、電話番号など）
- 商品名
- 数字（金額や個数など）

手元にメモ用紙と筆記用具がなかったときは

手元にメモ用紙と筆記用具がない状態で電話を受けることがあります。伝言を頼まれた場合は、「メモの準備をいたしますので、少しお待ちください」と伝え、速やかに準備します。メモを取らずに記憶しようとするのは間違いのもとです。メモの準備ができたら「お待たせして、大変失礼いたしました」とお詫びの言葉を伝えましょう。

コラム 高齢者との電話応対 ▶▶▶

「高齢者」といっても個人差が大きく、一概にはいえませんが、年を重ねると、相手の声が聞き取りにくかったり、聞いたことを理解するまでに時間がかかったりする場合があります。相手を尊重し、思いやりの気持ちで応対しましょう。

【高齢者との電話応対のポイント】

- 要点を絞って、短文で話す
- ゆっくり、十分に間（ま）をとりながら話す
- 耳が遠い人には、大声ではなく、低めの落ち着いた声で、はっきり話す（P238「多様性への対応〔聴覚障がい〕」を参照）

問題演習

【問1】 **2級**

後輩に電話応対に対する注意事項を説明します。ふさわしくないものはどれですか。次の中から1つ選びなさい。

1. 伝言を受けた際は、伝言メモに、受けた時間も書く。
2. 電話を受ける際は、常に内容を予測し、あらかじめ落としどころを準備する。
3. 呼び出し音3回で出たときは「お待たせしました」、5回以上は「大変お待たせしました」と、「大変」をつけて言う。
4. お客様からかかってきた電話の声がまったく聞こえないときは、「電話の声が聞こえませんので、申し訳ありませんがいったん切らせていただきます」と言って、こちらから電話を切る。

【問2】 **2級**

オフィスの固定電話（部門の代表電話）に取引先から電話がかかってきました。固定電話で応答し、担当者へ電話を転送しようとしています。担当者は、リモート勤務でオフィスにいません。転送操作前に、担当者についての情報で確認すべきポイントとして、最も優先度の低いものを選びなさい。

1. 勤務時間中かどうかを確認する。
2. 電話に出られない状況かどうかを、アプリなどで確認する。
3. 予定が入っていないか、スケジュールを確認する。
4. 声が出せる場所にいるかを確認する。

【問3】 3・4級

電話で本人確認をするときに使う言葉です。不適切な言葉があります。次の中から1つ選びなさい。

1.「お名前を教えてください」
2.「ご住所を教えてください」
3.「お仕事を教えてください」
4.「ご生年月日を教えてください」

【問4】 2級

多くの電話応対をスマートフォン（携帯電話）で行うようになり、従来の電話の応答方法に変化が見られます。スマートフォン（携帯電話）に着信した電話への対応について、適切なものを1つ選びなさい。

1. 着信の鳴動が始まってから必ず約10秒以内に応答する。
2. 応答ボタンを押した後、必ず左手でスマートフォンを持ち、右手でメモを取る。
3. 電話に応答できないときは、留守番電話機能を使う。
4. 圏外にいるときにかかってきた電話は、折り返しの電話は不要である。

解答・解説

【問1】 2

電話応対では、対話をする前に、「結論」や「落としどころ」を、あらかじめ考えません。したがって、正解は**2.** です。

お客様と話をして、その真剣勝負の中で、何を求められているか（ニーズやウォンツ）を、考えることが重要です。

【問2】 4

かかって来た電話を担当者に転送する間、取引先は保留状態です。可能な限り、保留時間は短くします。また、転送してもつながらないという結果も、できるだけ避けます。

可能な限り担当者の状況を把握して、転送可能か判断するために、普段から、スケジュールやプレゼンスなど、様々なツールを組み合わせて、チームメンバーの状況の把握を心がけます。

4. のように、「声が出せる場所にいるか（今どこにいて、どのような状態でいるか）」は、システムではなかなか把握できません。したがって、転送して担当者とつながった後、電話できる状態かどうかを口頭で確認します。

したがって、正解は**4.** です。

【問3】 4

相手のもの（名前、住所など）を示す言葉であっても、尊敬の接頭語である「お」または「ご」が、一般的にはつかない場合があります。

「名前」「住所」「仕事」は、「お」または「ご」が付きますが、**4.**「ご生年月日」とは言いません。その理由は、「生年月日」が複合語であるためだと考えられています。したがって、正解は**4.** です。

【問4】 3

多くの電話をスマートフォン（携帯電話）で行うようになり、電話の応答方法に変化が見られます。

1. 固定電話では、「コール音3回（約10秒）以内の応答」といわれていましたが、携帯電話では必ずしもそうではありません。

2. 固定電話と同様に、利き手と反対の手でスマートフォン（携帯電話）を持つことが一般的ですが、右利きとは限りません。また、マイク付きイヤホンを使うことで、ハンズフリーにもできます。

3. 適切な記述です。

4. 圏外にいるときに着信した電話は、留守番電話の録音や、SMSによる発信者番号通知を受けることができます。可能な範囲で折り返し電話をかけるとよいです。

重要度 ★★★

電話の取り次ぎ方

電話の取り次ぎには、いくつかのケースがあります。迅速かつ正確な取り次ぎの基本を学びましょう。

1 取り次ぎの基本

会社の電話システムの操作方法をマスターし、名指し人の状況に応じてスムーズな応対ができるようになりましょう。

ポイント

名指し人が在席のとき、外出中のとき、テレワークのときなど、取り次ぎにはいくつかのケースがあります。いずれの場合も次のポイントを押さえて応対しましょう。

- 部署のメンバーの勤務状況を確認しておく
- 相手から聞いた伝言や用件は、必ず名指し人に伝える
- 待たせるときは、相手に確認し、状況によっては折り返すことを提案する
- 不在などで取り次げないときは、お詫びの言葉を添えて、代替案を提示する

ワンポイントアドバイス

相手がイライラせずに待ってくれるのは、30秒程度と言われています。それ以上待たせる場合は、保留を解除して理由を説明し、折り返しの電話をするなど、代替案を提示しましょう。

2 名指し人が在席の場合

基本の流れ

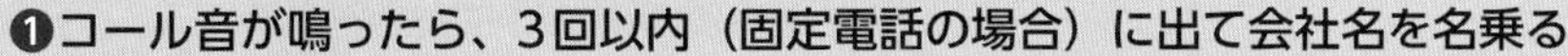

❶コール音が鳴ったら、3回以内（固定電話の場合）に出て会社名を名乗る

「はい、○○会社でございます」

❷相手が名乗ったら、名前を復唱し、挨拶をする

「△△様、いつもお世話になっております」

❸名指し人の名前を復唱し、保留にする

「□□でございますね。少しお待ちください」

❹名指し人につなぐ

「□□さん、（◎◎の件で）△△様からお電話です」

❺名指し人が電話に出る

「お電話代わりました。（～担当の）□□です」

ワンポイントアドバイス

相手が用件を話したら、名指し人に取り次ぐ際、用件を簡潔に伝えましょう。そして、名指し人は、用件を聞いていることがわかるような第一声で話し始めます。そうすることで、相手が用件を繰り返さずに済む上に、すぐに本題に入ることができます。

こんなときどうする?

1 部署に同じ名字の人が複数いる場合

部署に同姓の人がいるときは、次のいずれかを相手にたずね、名指し人を特定します。最短で取り次ぐために、何を確認すべきかを考えて応対しましょう。

●フルネーム　●役職　●仕事内容

ここに注意

名指し人を特定できないときに、「若いほうですか」「年配のほうですか」など、見た目や年齢を連想させるたずね方は適切ではありません。

2 似ている名字の人がいる場合

「津田さん」と「須田さん」、「川口さん」と「川内さん」のように、音が似ているため、聞き間違いが起こりやすい名字の場合は、漢字を確認するのが確実です。

3 名指し人が不在の場合

基本の流れ

❶コール音が鳴ったら、3回以内（固定電話の場合）に出て会社名を名乗る

「はい、○○会社でございます」

❷相手が名乗ったら、名前を復唱し、挨拶をする

「△△様、いつもお世話になっております」

❸名指し人の名前を復唱し、保留にする

「□□でございますね。少しお待ちください」

❹名指し人のスケジュールを確認し、お詫びの言葉、クッション言葉、不在理由を伝える

「お待たせいたしました。申し訳ございません、□□は、外出しております」

❺帰社時間（出社日）などを伝え、相手の意向をたずねる

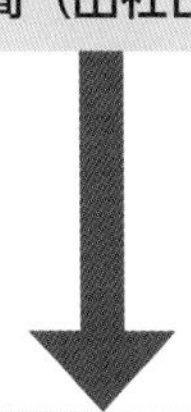

「15時には戻る予定なのですが、戻り次第こちらからお電話いたしましょうか」
「本日は出張なのですが、いかがいたしましょうか」

❻伝言を頼まれたら、メモを取り、要点を復唱する

名指し人が不在のときの伝え方

1 （社内にいるが）席にいない場合

「ただ今、席を外しております。戻り次第、こちらからお電話いたしましょうか」

2 外出している場合

「ただ今、外出しております。15時に戻る予定です。戻りましたら、こちらからお電話いたしましょうか」

3 出張している場合

「本日は出張しておりまして、明日9時に出社の予定でございます。いかがいたしましょうか」

4 欠勤、休暇をとっている場合

「本日は休んでおります。私、○○と申します。どのようなご用件でしょうか／お急ぎでしょうか」

5 テレワーク・在宅勤務をしている場合

「ただ今、テレワーク中でございます。／本日は在宅勤務でございます。
○○に連絡を取りまして、こちらからお電話いたしましょうか」

6 （フレックス勤務などで）席にいない場合

「本日は、10時に出社予定です」（朝のスタートが遅い場合）

「本日は失礼させていただきました。明日は○○時から△△時の勤務予定です」（早い時間に退社した場合）

ここに注意

名指し人が外出や出張中のときに「○○はA社に行っております」、「○○は大阪へ出張しております」など、具体的な行き先を伝える必要はありません。

コラム テレワーク（在宅勤務）中の電話の取り次ぎ

名指し人がテレワーク中の取り次ぎ方法は、企業･組織によって異なります。上記の会話例のように、いったん電話を切り、名指し人から相手へ折り返し電話をかける方法のほか、転送サービスを利用して、社員の携帯電話へ直接取り次ぐ方法も増えています。今後、新たな取り次ぎ方法が出てくるかもしれませんが、いずれの場合でも、相手目線で考え、迅速な応対をするための心配りは忘れないようにしたいものです。

※テレワークとは、インターネットなどのICTを活用し、自宅などで仕事をする、働く時間を柔軟に活用できる働き方です。（厚生労働省ホームページより）

問題演習

【問1】 3・4級

上司の小林部長宛の電話にあなたが出ました。部長は外出中です。

次の中に1つ、ふさわしくない応対があります。次の中から1つ選びなさい。

1. 課長からの電話：「小林部長は、外出中です」
2. 社長からの電話：「小林部長は、外出されています」
3. 取引先からの電話：「小林部長は、外出しております」
4. 部長の家族からの電話：「小林部長は、外出なさっています」

【問2】 3・4級

電話応対で担当者（名指し人）が不在の場合で、13時には戻る予定になっています。その場合の応対として、気配りが足りない応対はどれですか。次の中から1つ選びなさい。

1. 「13時には戻る予定です。戻りましたら、こちらからお電話いたしましょうか」
2. 「13時には戻る予定ですが、いかがいたしましょうか」
3. 「13時には戻る予定ですが、よろしければ私がご用件を承りましょうか」
4. 「13時には戻る予定です。恐れ入りますが、再度お電話いただけませんでしょうか」

【問3】 2級

外出中の山田総務部長に部長の知り合いだと名乗る人から電話がありました。

不在の旨を伝えたところ「メールにて用件を伝えたいので、メールアドレスを教えてください」と言われました。この電話にあなたはどのように応対しますか。最も適切な応対を次の中から１つ選びなさい。

1.「私ではわかりかねます」と答える。

2.「個人情報なのでお教えできません」と断る。

3.「山田からご連絡いたします」と伝える。

4.「のちほど、山田にお電話いただけませんでしょうか」とお願いする。

解答・解説

【問1】 3

3. がふさわしくない応対です。社外の人に、自社の人のことを話すときは、へりくだった言い方をします。したがって、正しくは、「部長の小林は、外出しております」と、言います。

敬語を話の内容に登場する第三者の行為などに用いる際は、その第三者を、「相手側の人」「自分側の人」「どちらの側でもない人」「両方に共通の人」に分けます。小林部長は「自分側の人」なので、自分と同格扱いをします。「外出」は、小林部長（自分側の人）の行動なので、謙譲語を使います。「部長」「課長」などの役職名は、それ自体が敬称となるので、つけません。

また、第三者が同じ組織内の場合は、第一者・第二者・第三者の上下関係が、敬語の種類と程度を決めます。たとえば、**2.** の場合は、小林部長は、社長に比べれば立てなくても失礼に当たらない人物です。このように、第三者の行為であっても、その行為の向かう先が、立てるべき人物である場合は、謙譲語Ⅰを使うことができます。

【問2】 4

相手へ提案する際の、ふさわしい応対を問う問題です。

電話を受けたとき、名指し人が不在のときは、「外出していること」、「何時に戻るか、戻らないか」、「連絡がつくのか、つかないのか」など、名指し人の大まかな予定を伝え、先方に指示を仰ぐのが、最もよい方法です。設問のような場合に重要なのは、相手に判断を託す材料だけを提供することです。「だれとどこに行っている」などの余計なことを言ってはいけません。

以上のことから、最もよい応対は、**2.** です。**1.** と **3.** も、状況によってはふさわしい応対です。

しかし、**4.** だけは提案になっていません。したがって、正解は **4.** です。

【問3】 3

電話応対の際、会社や社員のことについて聞かれたときに大事なのは、あなたが会社の代表として、答えていいことと答えてはいけないことを知っておくことです。

答えていいのは、会社が、会社案内やホームページで公開している情報です(P42「電話で答えていいこと・いけないこと」参照)。

部長のメールアドレスは個人情報です。「知り合い」や「友人」という言い方の場合、それが本当か、わかりません。セールスなどの場合もあるので、個人情報は簡単に伝えてはいけません。ただし、「個人情報なので答えられません」とは言わずに、「部長からご連絡いたします」「部長に確認してこちらからご連絡します」と言います。つまり、「会社としては教えられないが、本人の承諾があればOK」ということを伝えます。

取引先の人など、すでに名刺交換などをしていて面識のある人であれば、メールアドレスを伝えても、個人情報の漏えいには当たりません。

コラム 電話の「伝言メモ」は机上に置いてはいけないのか？

電話応対で、名指し人が不在のため伝言メモを残すとき、書いたメモを机上に置き、内容を伝えることが一つの役割でした。しかし、伝言メモには、相手先連絡情報があり、情報セキュリティの観点から机上に置いて放置してしまうことは不適切だという考えがあります。

ある会社では、伝言メモを名指し人の机上に放置することや、伝言メモを手帳に挟んで持ち歩くことなどを禁止しており、代わりにビジネスチャットやメールで伝言しているケースがあります。確かに、フリーアドレスで席が固定されていない場合や、テレワークが普及した組織では、かえって、利便性の高いやり方とも言えそうです。とはいえ、従来どおりの伝言メモ用紙で伝達している会社もまだまだ多いでしょう。

電話を受けた人は、名指し人に伝言をする役割があるものの、その伝達手段は変化しているということです。したがって、自身の組織の情報セキュリティ対策のあり方に関心をもち、組織のルールに則った伝言の仕方を心がけましょう。

コラム 電話応対の役割を理解する

電話応対には、いくつかの種類があります。営業部門で取引先からの電話に応対する、総務部門で社内の社員からの電話に応対する、コンタクトセンターで個人･法人と電話応対……など、電話は多くのシーンで活用されています。

同じ電話応対でも、活用シーンによって求められる心構えやスキルが全く異なることは、言うまでもありません。もしもし検定ではその共通する部分に注目して構成されているので、自分が今携わっている業務に置き換えて、アレンジする必要があるでしょう。そのときに「役割」を意識しておくことがとても大切です。

まずは、自分の所属している部署が自社の事業展開においてどういった役割をしていて、その中で自分はどういった分野で力を発揮し貢献できるのか、成果を求められているのか、といった視点をもちます。その上で、「売上を上げるためにたくさんの注文をうける」「お客様の声を聞き、商品･サービスに活かす」「新規顧客を獲得して利益を高める」「顧客との関係性を強化してロイヤルカスタマー化する」など、役割を理解することが大切です。

そのためには、自社や自分の所属している部署の事業の方向性を確認しておく必要があります。マーケティング的思考、事業計画、あるべき姿といった事業活動全体をとらえて、短期的と中長期的の2つの視点をもって自分の役割を理解しておきましょう。

重要度 ★★★

電話の言葉

電話応対をスムーズに行うための表現・言い回しと、正確に伝えるための数字や記号の読み方を覚えましょう。

1 覚えておきたい応対フレーズ

電話応対に欠かせない言葉を集めました。よく使うものばかりですので、覚えておきましょう。

シーン	フレーズ
取引先への挨拶	いつもお世話になっております
社員への挨拶	お疲れさまです
相手が電話できる状態かを確認するとき	今、お電話よろしいですか 今、お時間よろしいでしょうか
忙しい人に電話に出てもらったとき	お忙しいところ、お呼び立てして申し訳ございません
だれを呼び出すかをたずねるとき	だれ／どの者をお呼びしましょうか
電話中の相手を待ちたいとき	よろしければ、このまま待たせていただけますか
保留にするとき	少しお待ちください
取り次ぎで電話に出るとき	お電話代わりました お待たせいたしました
用件を切り出すとき	さっそくではございますが
自分（自社）の電話番号を伝えるとき	私（弊社）の電話番号を申し上げます
相手の声がよく聞こえないとき	お電話が遠いようなのですが 電波の状況が悪いようなのですが
電話を切るとき	失礼いたします 私、××が承りました

ここに注意

だれを呼び出すかをたずねるときに、「どなたをお呼びしましょうか」と言うのは、自社の人に「どなた」という尊敬表現を使っていることになるので、間違いです。

2 クッション言葉

クッション言葉とは、相手に言いにくい言葉の前につける、心配りの言葉のことです。何かをお願いするときやお断りするときなどにクッション言葉を使うと、相手への印象を和らげることができます。日本型のコミュニケーションでは有効な表現なので、ぜひ活用してください。

クッション言葉	例
恐れ入りますが	恐れ入りますが、もう少しお待ちいただけますか
よろしければ	よろしければ、ご用件を承りましょうか
恐縮ですが	恐縮ですが、伝言をお願いできますでしょうか
せっかくですが	せっかくですが、遠慮いたします
差し支えなければ	差し支えなければ、ご住所を教えていただけますか
お手数ですが	お手数ですが、もう一度ご連絡先を教えていただけますか
あいにく	あいにく、本日は社に戻らない予定でございます
失礼ですが	失礼ですが、何番におかけでしょうか
申し訳ございませんが	申し訳ございませんが、仕事中ですので失礼します

3 相づち

相づちの例

相づちを打つと、話をしっかりと聴いていることを相手に伝えられます。

顔が見えない電話では、相づちがとても重要です。適切な相づちは、相手が話しやすくなる効果があるので、話の流れに合わせてうまく使いこなしましょう。

- はい
- わかりました
- さようでございますか
- おっしゃるとおりです
- かしこまりました
- いいお話ですね
- 存じませんでした
- そうでしたか

相づちのポイント

- 会話の中で、いくつかの相づちの言葉を組み合わせて、バリエーションを持たせる
- 相手の話の区切りに、タイミングよく相づちを打つ
- 話の最後の言葉やポイントを繰り返す

相づちのNG例

次のような相づちは、相手を不快にさせますので、注意しましょう。

- 「はいはい」と、「はい」を二度言う
  →「はいはい」には、「うるさいなぁ」「わかったよ」という反抗的なニュアンスが感じられます。
- 「どうも」を連発する
  →「どうも、すみません」「どうも、ありがとう」など、「どうも」に続く言葉をつけましょう。
- 「結構です」しか言わない
  →「結構です」には肯定と否定のどちらの意味もあるので、「結構です。送ってください」(肯定)、「結構です。送らないでください」(否定)などと、後の言葉をつけましょう。
- 「はい」しか言わない
  →「はい」ばかりでは、相手を不安にさせます。相づちにバリエーションを持たせましょう。

4 あいまい言葉

日本語には、相手の解釈の仕方次第で、言葉の意味が変わる「あいまい言葉」がたくさんあります。ビジネスでは、次のようなあいまい言葉はできるだけ使わないようにしましょう。

- そのうち
- まあまあ
- 多少
- たぶん
- おそらく
- 結構です
- 〜かもしれません
- のちほど
- 〜と思います
- 考えておきましょう

5 数字の伝え方

1から0までの数字の言い方

聞き間違いが起こらないよう、数字は次のように伝えます。

1	イチ	4	ヨン	7	ナナ	0	ゼロ、マル、レイ
2	ニ	5	ゴ	8	ハチ		
3	サン	6	ロク	9	キュー		

ここに注意

「7」を「シチ」、「4」を「シ」と読むと、聞き間違いを起こすことがあるので、気をつけましょう。

まぎらわしい数字

よく間違えられるのは、次のようなものです。数字の聞き間違いは重大なミスにつながる場合があります。どちらにもとれるような言い方はしないように、注意が必要です。

まぎらわしい数字	適切な言い方・確認方法
2日（ふつか）と20日（はつか）	「20日」を「にじゅうにち」と言う 「2日の月曜日ですね」のように、曜日と併せて確認する
千（せん）と二千（にせん）	「二千」を「ふたせん」と言う
3ダースと半ダース	「半ダース、6個でよろしいでしょうか」と具体的な数字で確認する
8本と100本	「8本」を「はちほん」と言う 「100本」を「ひゃくほん」と言う
1時と7時	「7時」を「ななじ」と言う

6 記号の伝え方

メールアドレスを聞いたり教えたりする機会が増え、記号を伝えることが多くなっています。正しい記号の伝え方を確認しましょう。全角と半角、両方ある記号もあります。

記号	伝え方	記号	伝え方
-	ハイフン	。	句点
(	始め丸カッコ	、	読点
)	終わり丸カッコ	.	ピリオド、ドット
?	疑問符、クエスチョンマーク	'	アポストロフィー
!	感嘆符、エクスクラメーションマーク	=	イコール
/	斜線、スラッシュ	_	アンダーライン、アンダーバー
%	パーセント	@	アットマーク、単価記号
*	アスタリスク	:	コロン
;	セミコロン	—	ダッシュ
,	コンマ、カンマ	+	プラス、加算記号
“”	ダブル引用符(クオーテーションマーク)	・	中黒、中点

7 否定的な言葉の言い換え

「わかりません」「できません」のような否定的な言葉や、断る言葉は、相手に悪い印象を与えることがあります。電話応対では、否定語を肯定語に言い換えます。

- **わかりません⇒わかりかねます**
- **できません⇒いたしかねます、できかねます**
- **いません⇒席を外しております**
- **ありません⇒切らしております**
- **少ししかありません⇒少しでしたらあります**

ワンポイントアドバイス

面談の申し出があった場合など「15時から16時の1時間しか空いていません」と答えるのと、「15時から16時の1時間でしたら空いています」と答えるのでは、後者のほうが好印象を与えます。

8 話し言葉と書き言葉

話し言葉と書き言葉は、使い分ける必要があります。電話応対では、話し言葉を使います。かしこまって書き言葉を使っても、うまく伝わりません。聞き手が理解しやすいよう、平易な話し言葉で伝えることを心がけましょう。

話し言葉	書き言葉
お体を大切になさってください	ご自愛ください
時期が時期なので	季節柄
最後になりますが	末筆ながら
簡単ですが	略儀ながら
のちほどお知らせします	後日、ご通知します
お忙しいところ、ありがとうございました	ご多用（ご多忙）のところ、ありがとうございました

コラム 同音異義語の伝え方

日本語は同音異義語の多い言語です。聞き間違いや伝え間違いが起きないよう、よく使う同音異義語の電話での伝え方を確認しましょう。

- 川→サンボンガワ
- 河→サンズイのカワ
- 橋→ワタルハシ
- 端→ミチバタのハシ
- 市立→イチリツ
- 私立→ワタクシリツ
- 化学→バケガクのカガク
- 科学→サイエンスのカガク
- 終了→オワルのシュウリョウ
- 修了→オサメルのシュウリョウ
- 関心→カカワルのカンシン
- 感心→カンジルのカンシン

問題演習

【問1】 **1級**

電話での会話では、話をしっかり聴いてくれたかどうかが、信頼感を左右します。話をしっかり聴いてくれたかどうかの判断は、相づちの打ち方によるところが大きいのです。以下に、相づちの打ち方についての４つのポイントを挙げました。適切でないものを１つ選びなさい。

1. 電話では、相手が聴いてくれているかどうか不安になるので、対面で話すときよりも意識して多めに相づちを打たないといけない。
2. 相づちには、「なるほど、そういうことなんですね」などの「受け入れる相づち」と、「それ違いますよ」などの「断ち切る相づち」がある。無意識に使っている相づちの中に「断ち切る相づち」を多用していないかどうか、自分の相づちを点検してみる。
3. 会話の中でリフレクティング（相手の最後のフレーズを短く繰り返す）を意識的にすることで、相手は、「聴いてくれている」という安心感をもつとともに、内容の確認にもなる。
4. 顔の表情が見えない電話では、共感や疑問を伝えるためには声の表情が大事。そのためには、相づちはできるだけオーバー気味に打つことが望ましい。

【問2】 3・4級

電話では、「否定的な言葉」や「断りの言葉」は、相手に悪い印象をより強く与えるため、否定語をできるだけ肯定語に言い換えます。

次の中に、不適切な言い換えがあります。どれですか。1つ選びなさい。

1. わかりません ⇒ わかりかねます
2. できません ⇒ 無理でございます
3. ありません ⇒ 切らしております
4. 少ししかありません ⇒ 少しでしたらあります

【問3】 2級

お客様から取引の件で、即答できない問い合わせがありました。電話応対の伝え方と判断を考えたとき、次のどの言い方が一番ふさわしいですか。次の中から1つ選びなさい。

1. 「早速お調べして、折り返しこちらからお電話差し上げます。しばらくお待ちください」
2. 「早速お調べして、わかり次第すぐにこちらからお電話差し上げます」
3. 「早速お調べして、○分以内にはお返事差し上げます」
4. 「早速お調べいたします。15分後にお電話いただけますか」

解答・解説

【問1】 4

1. 適切な記述です。電話での相づちは、対面のときより多めに打つとよいです。相づちの種類も、同じ相づちの単調な繰り返しは避けます。「ええ、わかります」、「なるほど」など、受け入れる相づちで変化をもたせます。

2. 適切な記述です。無意識に打っている相づちの点検をするのは大事です。相手が話しやすくなる相づちを心がけてください。

3. 適切な記述です。日常の会話でも、リフレクティング（相手の最後のフレーズを短く繰り返す）という相づちを増やしてみてください。

4. 不適切な記述です。声の表情で、気持ちを明確に伝えることは大事ですが、相づちまでオーバーに言うと、かえって不自然です。声の表情を意識しつつも、普通に相づちを打ちます。

【問2】 2

1. 適切な言い換えです。

2. 不適切な言い換えです。「無理でございます」ではなく、「いたしかねます」、「できかねます」と言い換えます。

3. 適切な言い換えです。

4. 適切な言い換えです。

【問3】 3

お客様からの電話で、即答できない問い合わせがあった際に大切なのは、「的確な伝え方をすること」、「迅速かつ、相手に失礼のないように対応すること」です。設問のような状況の場合、返事を待っているお客様のことを考えて、具体的な時間を相手に伝えます。

1. 受け手から、結果報告の電話をかけるのは良いですが、「しばらく」という言葉が具体的ではないため、お客様をイライラさせる恐れがあります。

2. 受け手から、結果報告の電話をかけるのは良いですが、具体的な時間を伝えずに「わかり次第」と言っています。迅速性は感じるものの、お客様には不親切な言い方です。

3. 受け手から、結果報告の電話をかけるのは適切です。さらに、「○分以内」と具体的な待ち時間を提示しているので、お客様をイライラさせるなどの問題が起こりにくくなります。仮に、調査が長引いて明確な結果を報告できなかったとしても、中間報告をすることで、お客様に安心・納得していただけます。

4. 「15分後」という言い方は具体的で良いですが、お客様に、再度電話をかけていただくようにお願いするのは不適切です。

したがって、正解は**3.** です。

06 1・2級 クレーム電話

重要度 ★★★

「聴く力」が特に求められるのが、クレーム電話です。相手の要望を正確に聴き取ることが解決につながります。

1 クレーム電話の初期対応（一次対応）

クレームはお客様の思いです。サービス向上や業務改善など、組織が変わるためのヒントが隠れていることもあります。誠実な対応を心がけましょう。

初期対応（一次対応）のポイント

- 傾聴し、お客様の気持ちを受け止める
- 要望を正確に把握する
- 解決策をわかりやすく伝える
- 迅速、かつ誠意をもって対応する

基本の流れ

必ず以下のとおりに進むわけではありませんが、ポイントや流れを把握しておくと、落ち着いて対応できます。

❶まずは、相手の話を聴く

❷丁寧にお詫びの言葉を述べ、状況や相手の要望を把握する

「このたびはご迷惑をおかけして、誠に申し訳ございません」
「○○○○ということですね。申し訳ございませんでした」

❸要望に対する解決策を提示し、相手の意向を確認する

「すぐに△△△いたします。いかがでしょうか」

❹こちらの提案に相手が了承したら、感謝の言葉を述べ、再度お詫びする

「ご了承（ご理解）くださりありがとうございます。この度はご迷惑をおかけし申し訳ございませんでした」

ワンポイントアドバイス

まずは、相手の言い分を聴きましょう。途中で口をはさむのは、厳禁です。

こんなときどうする?

1 お客様の勘違いによるクレームの場合

「おっしゃることはごもっともです。しかし……」のように、一度はお客様の言い分を肯定しながらもやんわりと切り替える「Yes - But方式」で応対します。

たとえ先方の誤解や間違いが原因であっても、相手を言い負かすような言い方はせず、こちらにも説明不足があったと考えて、丁寧に詫びましょう。

2 お客様の名前を確認したい

一般的なクレームの場合は、最初に名前をたずねてはいけません。クレームの内容を最後まで聴いてから、「詳しく調査してお返事したいので、お名前とお電話番号を教えていただけますでしょうか」と、お客様のためにお聞きするというスタンスでたずねます。

ただし、送った商品が欠陥品だった場合などは、「お調べしますので、お名前を教えてください」のように、はじめに名前をきくこともあります。

2 クレーム電話の二次対応

初期対応（一次対応）で解決できなかった場合、上司や別の担当者が代わって対応します。これを二次対応といいます。

二次対応時は相手の怒りがさらに高まっていることが多いため、一次対応者からクレームの内容や状況を正確に引き継ぎ、より丁寧に対応することが求められます。

コラム クレーム対応時の「お詫びの言葉」

クレーム対応は、解決策を迅速に提示すればよいということではなく、お客様の気持ちを真摯に受け止め、怒りを鎮めることが求められます。その過程で重要なのが、相手の立場や状況への理解が伝わる「お詫びの言葉」です。

皆さんは、「お詫びの言葉」のバリエーションを持っていますか。クレーム対応の場面で「申し訳ございません」を繰り返すだけでは、お客様の怒りは鎮まらないかもしれません。感情的になっているお客様に対して、落ち着いて適切にお詫びができるよう、言葉の引き出しを増やしましょう。

【お詫びの言葉】

- ご迷惑をおかけし、申し訳ございません
- ご面倒をおかけし、申し訳ございません
- ご期待に沿えず、申し訳ございません
- お手数をおかけし、申し訳ございません
- ご不便をおかけし、申し訳ございません
- お手間をとらせてしまい、申し訳ございませんでした
- ご不快な思いをさせてしまい、申し訳ございませんでした
- 私の説明不足で、ご迷惑をおかけしました
- 私どもの教育が行き届かず、ご迷惑をおかけしました
- 私どもの不手際で、ご心配をおかけしました
- 勝手を申し上げ、心苦しいかぎりです
- お詫びの言葉もございません

問題演習

【問1】 1級

下記のア．～オ．の文章の中で、クレーム電話の基本的な対応として適切なものはいくつありますか。選択肢の中から1つ選びなさい。

ア. 自分が受けたクレームは、責任をもって最後まで一人で対応する。

イ. クレーム対応では、お客様の気持ちを受け止めて、まずはお詫びをする。

ウ. クレーム対応では、お客様の名前を最初に確認する。

エ. クレームの内容が、お客様の勘違いだと気がついても、ひとまず最後まで話を聴く。

オ. お客様のご要望をよく伺い、必要に応じた解決策を提示する。

【選択肢】

1. 1つ

2. 2つ

3. 3つ

4. 4つ

解答・解説

【問1】 3

ア. 不適切　自分が受けたクレームに対して、責任をもって対応することは大切ですが、「最後まで一人」で対応する必要はありません。一次対応者が対応することで、かえって収束に時間がかかる場合や、決定権がないために回答できない場合もあります。よって、一次対応で解決できなかった場合は、上司や別の担当者（二次対応者）が代わって対応します。クレームは「人・場所・時間」を変えることで収束に向かいやすくなります。

イ. 適切　クレーム対応では、お客様の気持ちを受け止め、まずはお詫びをすることが一番です。ただし、お客様の話を聴く前に「解決策を提示」するのは危険です。クレームの内容や事情を理解してから、それに応じた解決策を取ります。

ウ. 不適切　お客様の名前を最初に確認するのは、適切ではありません。お客様の名前は、いったん、クレームの内容を最後まで聞いてから、「詳しく調査してお返事したいので」と、理由と併せて確認します。

エ. 適切　クレームの内容が、お客様の勘違いという場合があります。早く誤解を解きたい、間違いを訂正したいとの思いから、お客様の話を遮る人がいますが不適切です。「話を遮られた、聴いてもらえない」と、怒りを助長する可能性もあります。クレーム対応では、お客様の話を最後まで聴くことが大事です。

オ. 適切　お客様のご要望をよく伺い、必要に応じた解決策を提示することが大切です。

適切な記述は３つなので、正解は**3.** です。

第2章 ICTツール（コミュニケーションツール）

電話、メール、チャット、Web会議といった
ICTツールそのものの使い方はもちろん、
そこでやりとりされる情報の扱い方についても
学んでおく必要があります。
ICTツールを使いこなし、
さらにコミュニケーション力を高めましょう。

01 ICTリテラシーの基本

重要度 ★★★

デジタルコミュニケーションの基礎となるのがICTリテラシーです。
基本的な考え方や学ぶ姿勢を押さえて、
今後の学習を進めましょう。

1 ICTリテラシーとは

「ICT」とは、「Information and Communication Technology」の略で、「情報通信技術」と訳されます。ビジネスシーンでは、業務効率化や生産性の向上のために活用されていますが、それだけではなく、人と人との意思の疎通や価値観の共有といった日常のコミュニケーションを行うときにも、「ICT」がなくてはならないものとなりました。

「リテラシー」とは、「特定の分野における知識を身につけ、活用する能力」を指します。言葉や意味を暗記して知識を身につけるだけではなく、日常業務の中で活用・実践できることが求められます。「実際に自分で行う」を強く意識しましょう。

ICTツールを使いこなすスキルは大変重要です。パソコンやスマートフォン、そして、その中で使われるソフトやアプリを上手に使いこなせることは、ビジネススキルとして必須です。

社内外でよりよいコミュニケーションを行うために、「ICTリテラシー」を身につけましょう。

2 情報の扱い方

ビジネスでは、便利なICTツールが数多く使われます。メール、チャット、コラボレーションツール、Web会議といった汎用的なソフトやアプリのほか、顧客管理システムや社内専用システムなど、専門的なシステムもあります。

ツールやシステムの、それぞれの操作方法以外に、「情報管理」、「セキュリティ」、「ルール」、「マナー」など、様々な視点をもちながら「適正に情報を扱う方法」を身につけておかなければなりません。これらは、実際にソフトやアプリ、システムを使用する「自分（＝人）」が身につけておくもので、自らがその時々に合った判断や行動ができるようにならなくてはなりません。もしもし検定ではこのスキルを大切にしています。

3 デジタル社会へのかかわり

これまではオフィスに集まって業務を行うことが一般的でした。社外の人と打ち合わせをしたり、作業をしたりするときにも、特定の場所に集まって、対面で行われることがほとんどでした。

近年では、在宅勤務やリモートワークが普及してワークスタイルが多様化し、社内業務、社外との業務を問わず、オンライン上で業務を進めることが増えました。これは、インターネット（オンライン）上にもう1つのオフィスが作られ、そこに新たな社会が生まれたといえるでしょう。

実際の社会生活に適応していくのと同様に、インターネット内の社会にも積極的に関与したり、参加したりしながら適応していくことが求められます。AIの進化、DXによる変革など、デジタルによって大きく社会が変化していく中で、社会の一員として適正に振る舞えるようになりましょう。

問題演習

【問1】 **3・4級**

次の文章を読んで、選択肢1.～4.のうち、どれに当てはまる事例かを答えなさい。

「これまで顧客からの問い合わせは、電話で受け付けていました。これを見直し、メールやチャットによる問い合わせ窓口を追加したり、Webサイトにある FAQのページの内容を増やすとともに検索しやすくしたり、チャットボットを導入し自動応答できるようにしました。これにより、顧客満足度が向上しただけではなく、社員の働き方にも変化がありました」

1. 5G　**2.** AI　**3.** DX　**4.** xR

【問2】 **2級**

仮想空間にアバターを表示させ、擬似的に同一空間で仕事をしているように感じさせるツールであり、テレワークに取り組んでいる社員の稼働状況や離席状況、勤怠管理にも利用できるしくみはどれですか。次の中から1つ選びなさい。

1. かんばんボード
2. バーチャルオフィス
3. 社内SNS
4. ビジネスチャット

【問3】 **3・4級**

業務の自動化技術の一種であり、データの入力や更新など、PCで実施する定型的な作業を人間に代わって実施するしくみとして、正しいものはどれですか。次の中から1つ選びなさい。

1. IoT（Internet of Things）
2. CRM（Customer Relationship Management）
3. AI（Artificial Intelligence）
4. RPA（Robotic Process Automation）

【問4】 **3・4級**

外出先で携帯電話を使って電話をかけるとき、情報管理の観点から気をつけるべき事項があります。次の4つの選択肢のうち、直接は関係しないものを1つ選びなさい。

1. 周囲から聞こえる音の大きさ
2. 周囲にいる人
3. 自分が発する声の大きさ
4. 自分が話す内容

【問5】 **3・4級**

AIを使っているシステムについて記述しました。次のうち、間違っているものを1つ選びなさい。

1. 「●●については1を、▲▲については2を押してください」といった自動音声ガイダンスとプッシュ信号音によって、AIが着信先を振り分ける。
2. 電話での通話内容をAIが聞き取り、応対に必要となる情報を電話応対者が見る画面に表示する。
3. チャットやSNSを通じて、AIが自動で質問に答える。
4. 電話での応対内容を録音しておき、応対品質をAIで評価する。

解答・解説

【問1】 3

正解は、**3.** の「DX」です。電話応対の分野でも、「DX」は進められており、今後も、その動きの加速が予想されます。

1. 「5G」は、「第5世代移動通信システム」のことです。英語の「5th Generation」（フィフス・ジェネレーション）の略語です。

2. 「AI」は、「人工知能」のことです。「AI」とは、コンピューターの演算処理や記憶の能力に加えて、コンピューター自身が学習し、判断をする技術です。文中にあったチャットボットには「AI」が搭載されているものが増えていますが、Webサイトにある FAQのページの内容を増やしたり、検索しやすくしたりなど、「AI」だけではこれらすべてを実現させることはできません。

3. 「DX」は、「デジタルトランスフォーメーション（Digital Transformation）」のことです。「DX」とは、企業が、ビジネス環境の様々な変化に対応し、新しいデジタル技術やデータを活かして、人々や社会の需要をもとに、これまでのビジネスモデルを改変し、競争力の維持や強化をすることです。

4. 「xR」は、VRやARといった仮想空間技術、空間拡張技術の総称です。今後、電話応対の分野にも入ってくる可能性がある技術の一つです。

【問2】 2

バーチャルオフィスでは、仮想空間にメンバーごとのアバター（自分〔ユーザー〕の分身となるキャラクター）を表示します。このアバターの動きによって、同一空間で仕事をしているように感じられます。

また、各メンバーの状況（会議中や作業中など）を確認することもできます。

【問3】 4

1. IoT（Internet of Things）は、ものとインターネットがつながるという概念です。最近では家電製品や車、住宅などもインターネットにつながっています。

2. CRM（Customer Relationship Management）は、顧客関係を管理するという考え方やシステムを示します。

3. AI（Artificial Intelligence）は、「人工知能」の略です。人間の知能そのものをコンピューターで再現するしくみです。

4. RPA（Robotic Process Automation）は、これまで人間のみが対応可能とされていた作業を、人間に代わって、実施するしくみです。設定されたとおりに実行することを得意とするので、定型かつ繰り返し行う作業に向いています。

【問4】 1

1. 通話の場合には、周囲から聞こえる音によって、自分も相手も話が聞き取りにくくなる場合や、話しづらくなる場合があります。そのため、できるだけ静かな場所で通話したほうがよいです。しかし、情報管理に直接は関係しません。

2. 周囲にいる人が、社外の人など自分と関係しない場合、話し声が聞こえることで、情報漏えいにつながる恐れがあり、注意する必要があります。

3. 自分の発する声が大きいと、周囲にいる人に話している内容が聞こえる可能性があります。情報漏えいにつながるため、注意が必要です。

4. 自分が話す内容が、社名や個人名などの固有名詞を含んでいる場合、また、顧客情報や個人情報を含んでいる場合、さらには社内限りの情報や機密情報などを含んでいる場合には、周囲にいる人にそれらを聞かれてしまうことで情報漏えいとなります。

【問5】 1

1. は、「IVR（自動音声応答）」と呼ばれるものです。IVRは以前から活用されており、AIを導入することなく実現されています。

2. 3. 4. は、AIを使っているシステムについての記述です。

したがって、正解は **1.** です。

コラム 新しい用語を学ぶ

「生成AI」、「DX」、「アンコンシャス・バイアス」、「ウェルビーイング」、「ネガティブ・ケイパビリティ」、「論理的思考」……、次々と新しい用語が現れます。そのほとんどが時代の流れを表す言葉であり、新しい分野や概念を表していることから、ビジネスにおいて大変役に立ちます。自分の現在の業務と直接関係していなかったり、もしもし検定が扱うコミュニケーション分野とも離れた話題は、なかなか関心が高まりませんが、意味だけでも知っておきましょう。

たとえば、「自分には関係ない」と思って新しい用語に関心を持たないままいたとします。もし、コミュニケーションを取る相手やビジネスを一緒に進めるメンバーが、新しい用語を学んでいて、それに基づいた言動や考え方をしていると、うまくコミュニケーションができなくなってしまうかもしれません。

社内外で行われる様々なコミュニケーションの中で、新しい用語（知らない用語）に触れる機会があったら、学びのチャンスです。

02 コミュニケーションサービスの特徴

重要度 ★★★

ICTツールの機能や特徴を活かし、
それぞれを連携させながら活用できるようになりましょう。

1 ICTによる新たなワークスタイル

ビジネスシーンにおけるコミュニケーションは、対面形式が基本でした。その中で、電話やFAX、メールなどのコミュニケーションツールは、対面形式が実現しない（離れたところにいる）人と、一時的にコミュニケーションを取る際に使用されていました。

しかし、今では、在宅勤務やリモートワークが一般化したことで、人と人とが離れている状態が前提となり、すべてのコミュニケーションがオンライン上で可能になりました。チャット、コラボレーションツール、クラウドサービスなどを複合的に使うことで、離れている人とでも、同じ場所にいるような感覚で、業務が進められるようになってきました。

従来の対面形式での仕事のやり方に加え、オンライン上での新しいワークスタイルを創造していく必要があります。

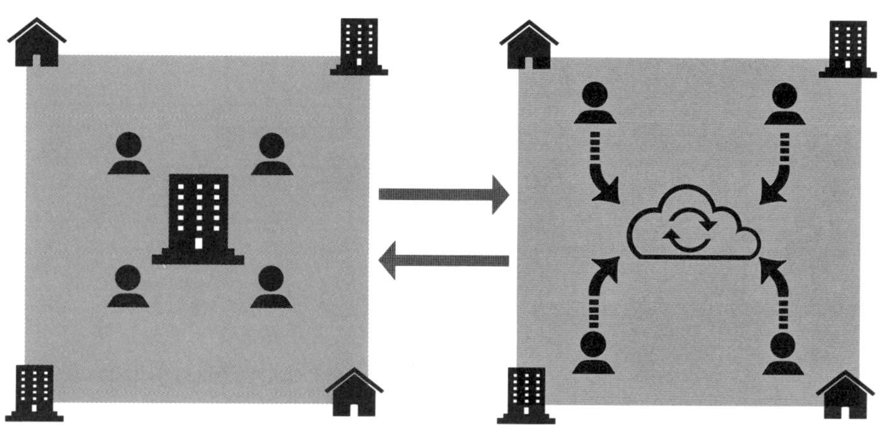

2 コミュニケーションの効率化

メールとチャット

これまで、「メール」がビジネスシーンのコミュニケーションの中心となっていました。

「メール」は、文字（文書）で情報を伝えられるだけでなく、各種ファイルを添付することで、伝える情報量を増やせます。また、宛先に複数のメールアドレスを設定することで、簡単に、多くの人へ情報を配信できる便利なツールです。その一方で、以下のような点に気をつける必要があります。

- 「誤送信による情報漏えい」「外部からの攻撃やウイルスの侵入」「盗聴･改ざん･なりすまし」など、情報セキュリティのリスクを含むツールである
- 文書として作成するためのスキルやノウハウが必要（伝えたい情報が正しく相手に伝わらないといった点で、コミュニケーショントラブルが生じる場合がある）
- 文書の作成や読み込みに時間を要するため、業務の非効率化を招く場合がある

そこで、近年では、クラウド上で提供されている「チャット」を活用するケースが増えています。個人利用のチャットアプリが普及した後、高いセキュリティが備わったビジネス向けのチャットサービスが登場しました。すでに個人利用のチャットサービスで使い慣れている人が多いことから、ビジネス向けのチャットサービスは一気に普及し、現在は多くの企業で活用されています。「チャット」には、次のような特徴があります。

- 業務上の連絡や相談、情報共有だけでなく、日常の何気ない雑談なども交わされるため、直接話をしているかのような感覚になる
- かしこまった表現は不要で、絵文字やスタンプといった画像での表現などを織り交ぜながら、気軽にコミュニケーションができる
- やりとりが会話形式であるため、情報伝達スピードが向上する

メールとチャットの比較

	メール	チャット
スピード	×（いつ読まれ、いつ返信がくるかわからない）	○（ほぼリアルタイム）
丁寧さ	○（ビジネス文書として作成）	×（会話文として作成）
感情	△（文字表現のみで伝わりづらい）	○（絵文字、スタンプで伝える）
文の長さ	○（長文・短文のどちらにも対応）	×（長文には向いていない）
手軽さ	×（メールのルールやマナーが重んじられる）	○（雑談や日常会話などにも使える）
操作性	×（作成のたびに、宛先・件名を設定する）	○（最初にメンバーを設定する）
添付ファイル	○（送受信可能）	○（送受信可能）
誤送信	×（起こりやすい）	○（起こりにくい）

ワンポイントアドバイス

「メール」は、ビジネス文書として伝えるツールです。社外とのコミュニケーションに向いています。
「チャット」は、会話形式で伝えるツールです。社内での連絡、日常的にやりとりをする取引先などとのコミュニケーションに向いています。

対面とWeb会議ツール

メールとチャットの事例と並んで、コミュニケーションの効率化のために用いられているのが、「Web会議ツール」です。

社内の会議、社外の方との打ち合わせ、研修、商品説明会やセミナーなどは、これまで、多くの場合、会議室をはじめとした特定の場所に集まって対面形式で行われていました。しかし、今では、「Web会議ツール」を用いた開催が多くなりました。

たとえば、営業部門では、取引先との商談は対面形式が当たり前でしたが、今では「Web会議ツール」を用いることが増えています。以前は、対面形式のほうが、自分を表現したり、相手の様子をうかがったりできるため、好まれていました。しかし、今では必ずしもそうではなく、「Web会議ツール」で十分対応できると考えられています。

「Web会議ツール」を使った多くの人が、対面形式にこだわる必要がないことや、「Web会議ツール」のほうが効率的だと感じたことで、価値観が変化し、一気に普及しました。過去の常識から判断するのではなく、新しいツールを使ってみて常識を変えていくという姿勢が、今後必要になってくるでしょう。

対面の会議とWeb会議の比較

	一般的な対面の会議	Web会議
会場の確保	参加者数を把握し、人数に合わせた会場を確保	参加者がインターネットに接続できる環境から参加（自宅など）
時間の調整	参加者全員のスケジュールと会議室の空き状況をみて調整	参加者全員のスケジュールのみで調整
参加人数	会議室のサイズによって人数制限あり	人数を制限することなく、参加者を増やすことも可能
専用システム	プロジェクター、音響機器などが必要	パソコン、スマートフォン、タブレットのブラウザまたはアプリで使用可能
会議招集	メールで案内文を送付し、出欠確認	Web会議アプリで招集。スケジューラーと連動し出欠予定に合わせて自動登録
資料の準備	プロジェクターに投影するか、印刷して紙で配布	資料共有機能で投影し、クラウドサービスでファイル共有

3 ICTツールの使い分け

オンラインによる業務効率化が進む中でも、オフィスに出社したり、会議室に集まってミーティングをしたりなど、対面のコミュニケーションはなくなりません。今後も、オンラインと対面とのハイブリッド型のワークスタイルが続くでしょう。コミュニケーションにおいても、「自分と相手との間で、それぞれに合うコミュニケーションの形は何か」を、そのシーンごとに検討し、判断する必要があります。

たとえば、コミュニケーションを取りたい相手がいるとき、複数のツール（下図「❸ツールを選択する」参照）の中から、ふさわしいものを選択する必要があります。ツールを選択する際は、「そのときの時間帯、コミュニケーションに要する時間、伝えたい内容、返信の有無、緊急性、自分がいる場所、相手の状況やスケジュール」などを、考える必要があります（下図「❷状況〔シーン〕を考える」参照）。

ワークスタイルや、ICTツールが多様化したことで、そのシーンに合ったICTツールの使い分けが大変重要になっています。

ツール選択の流れ

❶相手と自分の都合を考える

相手のこと
- 相手にとって都合のよいツールは何か
- 相手がよく使うツールは何か

自分のこと
- 使えるツールはどれか
- 記録を残すかどうか

→

❷状況（シーン）を考える

- 営業時間内かどうか
- 休暇かどうか
- スケジュールの空き状況確認（会議、外出などの予定はないか）
- 緊急度
- 伝えたい事柄の情報量
- 機密情報の有無
- 相手からの返信の要不要

など

→

❸ツールを選択する

- パソコン
- スマートフォン
- タブレット
- 固定電話
- 携帯電話
- 外線電話
- 内線電話
- メール（パソコン）
- SMS（スマートフォン）
- チャット
- Web会議ツール

など

ツールは、コミュニケーションを取りたい相手の環境に合わせて選択する！

4 コラボレーションツールの活用

ICTツールには、電話、メール、チャット、Web会議、掲示板、ファイル保管・共有（ストレージ）、スケジューラーなどがあり、機能ごとにソフトやアプリが分かれていました。それらが相互に連携され、徐々に1つのアプリに統合されています。それを、「コラボレーションツール」と呼びます。

「コラボレーションツール」によって、Web会議をしながらチャットで連絡を取ったり、電話で会話をしている途中でWeb会議に切り替えて資料を共有したりといった、複合的なコミュニケーションが可能になりました。電話で話しながら、クラウド上に保存されているファイルを共同で編集する作業は、オンライン上のコミュニケーションでありながら、まるで隣同士で画面を見ながら作業しているかのように、効率よく作業を進めることができます。

「コラボレーションツール」は、これからも進化を続けるツールで、より多機能化していくでしょう。機能を上手に連携して、使いこなせるようになりましょう。

コラボレーションツールの活用例

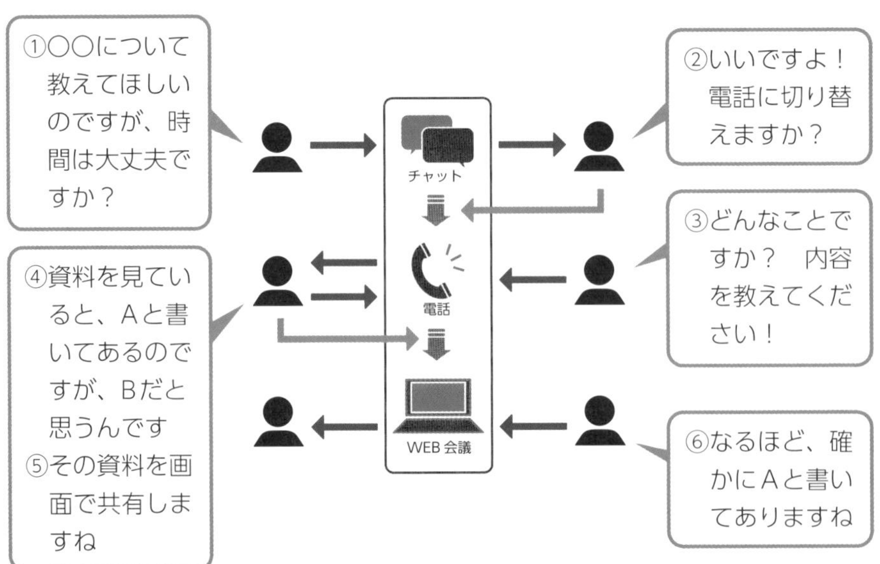

コラボレーションツールでICTツールを使いこなす

問題演習

【問1】1級

1つのコミュニケーションツールを使用しながら、別のコミュニケーションツールを使用したり、切り替えたりすることがあります。次の4つのうち、問題のある使い方を1つ選びなさい。

1. メールのやりとりが連続しているとき、相手からのメールの内容があいまいだったため、電話をかけて内容を確認した。
2. チャットのやりとりをしているとき、回数が増えてきたため、ビデオ通話（Web会議）に切り替えた。
3. 電話で話をしているとき、相手にWebサイトのURLを伝えるため、電話をしながらメールにURLを書いて送った。
4. 部内のWeb会議に参加しているとき、同じ会議に参加している人に個別に意見を聞くため、携帯電話に電話をかけた。

【問2】2級

在宅勤務中に会社全体でのWeb会議に主催者として参加しているAさん宛に、オフィスの固定電話（部門の代表電話）へ電話がかかってきました。あなたもオフィスの自席で、Aさんと同じWeb会議に参加していますが、Web会議を一時退席して、かかってきた電話に応答しました。Aさんに電話があったことを早急に伝える必要があるとき、その伝え方として、不適切なものを1つ選びなさい。

1. 業務利用のメールアドレスで伝える。
2. 業務利用のチャットツールで伝える。
3. Aさんの携帯電話に通話で伝える。
4. Web会議ツールのチャット機能で伝える。

【問3】 3・4級

企業で利用される代表的なコミュニケーションツールである、メールとチャットの特徴について、誤った説明を1つ選びなさい。

1. チャットは、メッセージ送信時に相手がオンラインかオフラインかなどプレゼンス状況を確認することができるものも増え、メールに比べてリアルタイムにメッセージ交換ができる。
2. チャットは、メールのように、宛先のアドレスの入力、件名の設定、メール受信ボタンの押下などの必要がなく、素早く簡単にメッセージを交換できる。
3. メールは、宛先のメールアドレスがわかればメッセージを交換できるが、チャットは、あらかじめ同じサービスを利用する人がお互いに登録することでメッセージ交換ができる。
4. メールは、文字だけでなく様々な種類のファイルを添付してメッセージを交換でき、チャットは、文字と写真に限ってメッセージを交換できる。

解答・解説

【問1】 4

4. の場合、意見を聞く相手は、会議に集中していることが予想できます。そのため、電話が、会議への集中を遮る恐れがあります。したがって、正解は**4.**です。**4.** の場合は、携帯電話に電話をかけるのではなく、チャットやメールなど、文字で伝えるとよいです。

1. 2. 3. は、適切な使い方です。

【問2】 3

設問のような場合は、文字で伝えることを優先して考えます。**1. 2. 4.** は文字で伝える方法ですが、**3.** だけは音声で伝える方法です。したがって、正解は**3.**です。

また、多くのケースにおいて、会議主催者は、会議中に電話に応答することはできません。そのため、電話をかけるのは避けるべきです。

【問3】 4

「チャット」は、動画やイラストなど、様々なファイルを添付して送ることができます。したがって、正解は**4.** です。

「メール」も「チャット」も、用途は似ていますが、一長一短があり、うまく使い分ける必要があります。

形式を意識せず、早く、簡単に伝えたいときには「チャット」が、文書として伝えたいときには「メール」が向いています。

重要度 ★★★

情報セキュリティ

ICTツールによるコミュニケーションを安心安全に行うために、常に、情報セキュリティを強く意識しておく必要があります。

1 インターネットに潜む危険性

今、ビジネスでもプライベートでも、ICTツールで行われるコミュニケーションや業務のほとんどはインターネットを利用します。社外の人とのコミュニケーションに限らず、社内の人同士であっても、インターネットを介していることがほとんどです。

インターネットが普及しはじめたころに比べれば、様々なセキュリティ製品やサービスが開発され、安全に通信が行える環境になってきました。しかし、それ以上のスピードで、外部からの攻撃、不正アクセス、コンピューターウイルスの感染など、多種多様な脅威が増えています。

Webサイトの利用、メールやチャットの送受信、SNSの投稿や閲覧、社内の業務システムの利用やファイル（資料）の作成・配布など、あらゆるコミュニケーションにおいて、「自分は常に、危険にさらされているのだ」と考えておく必要があります。

ゼロトラスト

かつては、社内で設置・運用されているシステムは社外（インターネット）と切り離されており、「社内にあるから安全だ」と考えられていました。逆に、「インターネットにあるシステムは危険だ」ともいわれてきました。

それが近年、多くの社内システムがインターネット上のクラウドに設置・運用されるようになり、システムにおける「社内」「社外」の区別がなくなりつつあります。そのため、通信、ソフトやアプリ、ファイルなど、すべてを暗号化するなどの方法で、保護する必要が出てきました。

「何も信頼しない」ことを前提に、様々なセキュリティ対策をするという考え方を、ゼロトラストと呼びます（次の図を参照）。

ゼロトラストの考え方

以前

社内のシステムは、インターネットと切り離してあるので、安全。インターネットにあるシステムは危険

ゼロトラスト

社内のシステムが、インターネットとつながっているので、すべてを暗号化して保護する必要がある

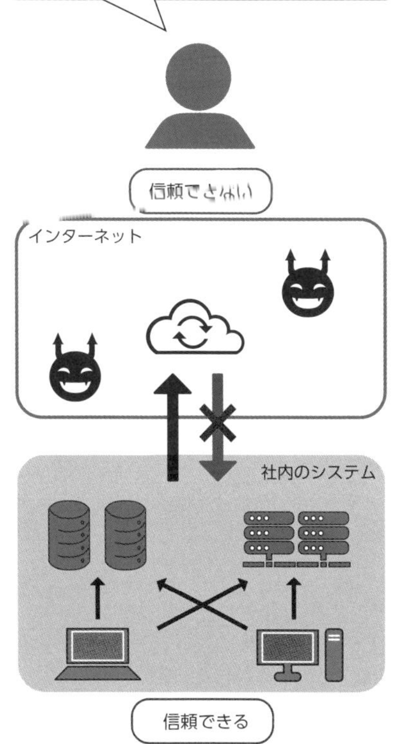

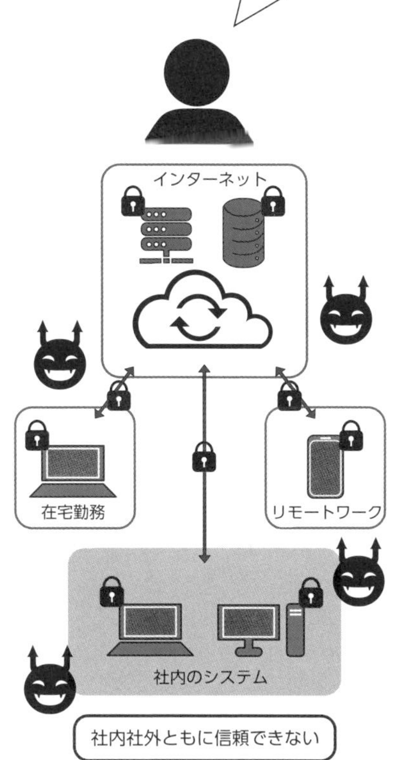

2 ソーシャルエンジニアリング

情報セキュリティを考える際、システムやICTツール、インターネットなどの技術的な脆弱性による、攻撃やトラブルに備えることに注目しがちですが、人間の行動や心理的な隙につけこむ攻撃にも注意が必要です。このような攻撃は、ソーシャルエンジニアリングと呼ばれています。

ソーシャルエンジニアリングの具体例

- 情報システム部門の担当者になりすまして電話をかけてきて、「システムにログインするためのIDとパスワードを教えてください」などと言って、IDやパスワードを盗み取る
- 電車内やカフェなどで、パソコンやスマートフォンの画面を背後から盗み見して、IDやパスワードを記憶する
- デスクやディスプレイなどに貼り付けられた付箋から情報を盗み取る
- ゴミ箱に捨てられた文書類やメモを持ち帰り、機密情報を盗み出す
- 偽メールを送りつけ、Webサイトへ誘導し、重要情報や個人情報を入力させて、だまし取る

ワンポイントアドバイス

電話を受けた際に内容を記録したメモ、社外から届いた郵便物や封筒などにも注意が必要です。そこには、取引先名・住所・氏名・電話番号などが書かれています。これらが不要になった後、処分する際は、書かれている情報が漏えいしないよう、確実に処分しましょう。

3 パスワードの管理

業務で作成した様々なファイル、SNSのような会員制Webサービスなど、パスワードが必要となるシーンはますます増えています。そのパスワードの作成は、自分で決めることがほとんどであるため、ついつい、簡単でわかりやすいパスワードに設定しがちです。しかし、そこが落とし穴になるのです。では、どのようなパスワードを作成すればよいでしょうか。

次記は、パスワードを作成する際の、一般的な基準です。パスワード作成のガイドラインが社内で示されている場合や、システムごとに決められている場合は、それに従います。

パスワードを作成する際の一般的な基準

- 文字数は10～12文字以上にする
- アルファベットは大文字と小文字を混在させる
- 数字、記号を含める
- 類推されない複雑な文字列にする
- 作成したパスワードは、IDとは別にして紙に記録・保管する

（※このほか、重要なシステムでは、二要素認証や二段階認証と組み合わせて、より高いセキュリティが確保されています）

ワンポイントアドバイス

上に示した条件が、同時に満たされるパスワードがよいでしょう。しかし、これでも完璧というわけではありません。
かつては「パスワードの文字数は8文字以上で設定」といわれていましたが、今では10文字や12文字以上が望ましいとされています。このような基準の見直しなどにも注意しておきましょう。

4 進化する情報セキュリティ

情報セキュリティの分野は日々進化し、それに併せて、「常識」も変化しています。最先端の情報セキュリティ技術を追いかける必要はありませんが、日常業務の中で得られる情報セキュリティに関する変化を感じ取り、それに対応していく柔軟な姿勢が必要です。これまで「正しい」と思っていたことが、「正しくない」と変化するケースも少なくありません。社内のルールや規則の変化、また、社外の動向の変化に敏感になりましょう。ここでは２つの事例を取り上げます。

1 メールの添付ファイルの扱い方

メールのファイル添付機能を使って、ファイルを送信する機会は多くあります。添付するファイルにパスワードを設定し、暗号化して送信するとき、そのパスワードを送信先に伝える方法として、「ファイルを添付したメールとは別のメールを新たに作成し、その本文にパスワードを記載して送信」していませんか。かつては、このパスワード通知方法が多く行われていましたが、現在では見直されています。

パスワードは、以下のような方法で扱うことが望ましいとされています。

- 電話など別のツールを用いて相手に通知する
- 送信する前にあらかじめ送信側と受信側の間でパスワードを決めておく

2 Webサービスで使用するパスワードの変更

SNSをはじめとしたWebサービスや業務で利用する様々なシステムでは、IDとパスワードによる認証が必須とされています。そのパスワードは、これまで「定期的（たとえば3カ月に1回など）に変更することがよい」とされてきました。それが今では、定期的なパスワードの変更は必要ないといわれています。

パスワードの文字数、文字の種類、複雑さなどが適正に設定されており、過去に一度もトラブルがないパスワードであれば、定期的な変更を行うことなく使い続けてよいとされています。パスワードの変更を繰り返すことによって、容易に想像できるような覚えやすいパスワードを設定したり、ほかのWebサイトと同じパスワードを使い回したりなど、かえってリスクを高める恐れがあるともいわれています。

問題演習

【問1】2級

マルウェアの一種であるEmotetの特徴として、適切なものはどれですか。次の中から1つ選びなさい。

1. ウイルスの増殖機能が強く、自ら複製を作って感染を拡大することで別のデバイスに感染する。
2. 通常のファイルのように偽装して、潜伏する悪意のあるマルウェアであり、あるきっかけを通じて、不正行為を行う。
3. 侵入したコンピューターを遠隔操作し、攻撃者の指示によって不正行為を実行するマルウェアである。
4. 実在する組織になりすましたり、実際に業務で送受信されたメールの文面を使用するといった巧妙な標的型攻撃に利用される。

【問2】3·4級

SNSをはじめとした会員制Webサービスで利用するパスワードについて、安全なパスワードの条件として当てはまらないものを、次の中から1つ選びなさい。

1. 12文字以上の文字数で設定している。
2. 使用するアルファベットは、大文字と小文字が混在している。
3. アルファベット以外に、数字のほか、記号などを組み合わせている。
4. 過去にトラブルがなかった安全なパスワードを、別のWebサービスで使っている。

解答・解説

【問1】　4

「Emotet」は、猛威をふるっているマルウェアです。実在する組織になりすましたり、実際に業務で送受信されたメールの文面を使用するといった、巧妙な「標的型攻撃」に利用されます。

「Emotet」に感染すると、感染したPC内のメールやメールアドレスが流出したり、不審なメールが勝手に送信される可能性があります。

1.「ワーム」の説明です。
2.「トロイの木馬」の説明です。
3.「ボット」の説明です。
4.「Emotet」の説明です。

【問2】　4

不正アクセスによる被害の増加に伴い、パスワードの設定は、文字数や、文字の種類を増やしています。

過去に作成したパスワードであっても、トラブルがなければ、定期的な変更をすることなく継続して利用することができます。しかし、ほかのWebサービスと共用するのは避けます。したがって、正解は**4.** です。

04 情報モラル

重要度 ★★★

実社会と同様に、インターネットの中においても、道徳や倫理を大切にしなければなりません。その考え方や態度、行動について、確認しておきましょう。

1 伝わりやすさを意識する

コミュニケーションにおいては、いかに相手にわかりやすく、かつ、正しく伝えられるかを常に考えておく必要があります。しかしながら、コミュニケーションをする相手は、年齢、地域、価値観などに違いがあります。そのため、個人を尊重し、一人ひとり個別に対応することを意識したコミュニケーションスキルが必要になります。

ユニバーサルデザイン

業務で必要な資料などを作成するとき、使用する文字の書体、サイズ、色などを設定する際は、下記のような点を意識します。

これらは、業務で作成する資料だけでなく、社内外で公開するWebサイトのコンテンツなど様々なコミュニケーションに共通するものです。

〈例〉

- 書体はUDフォント（※）を使用する
- 文字のサイズは、一般に、大きな文字のほうが読みやすいので、小さな文字は極力少なくする
- 多様な人が見やすい配色を考える
- 文字の量を減らして端的に伝える
- 行間や余白を十分にとる

（※）UDフォント（ユニバーサルデザインフォント）とは、多くの人にわかりやすく、読みやすいように工夫されたフォントのこと

アンコンシャス・バイアス

アンコンシャス・バイアスとは、「無意識の偏見」と訳され、思い込みから、「偏った、ものの見方」をすることを指します。

「高齢者にはメールよりも電話でのコミュニケーションが適している」、「高齢者には大きな声で話しかけるとよい」、「若い人は電話が苦手だ」……、こういったことを聞いた経験があるかもしれません。しかし、これらは本当に正しいのでしょうか。

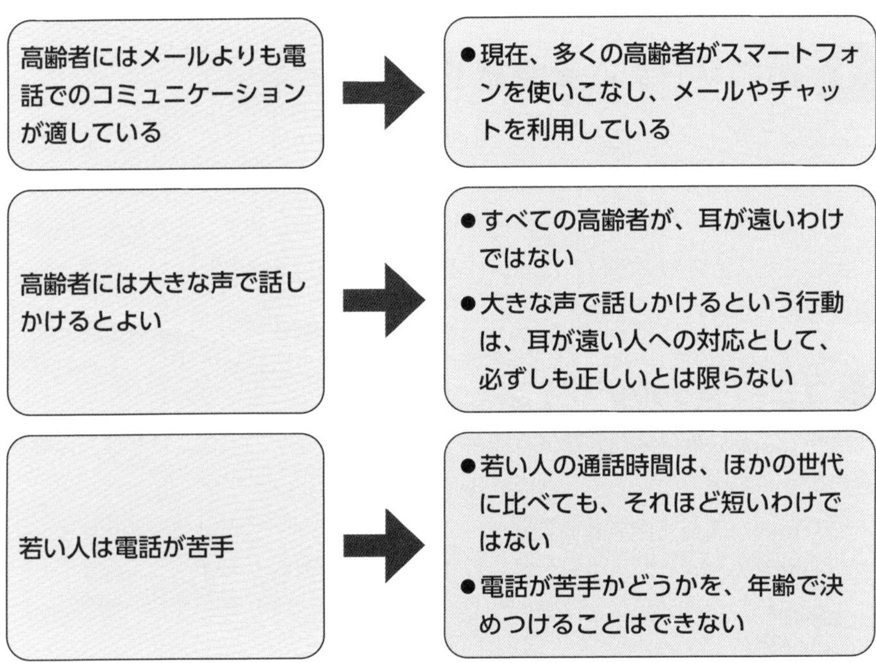

自分の過去の経験から、無意識のうちに「正しい」と思い込んでいることがあるかもしれません。この思い込みが、より良いコミュニケーションの妨げになる場合があります。アンコンシャス・バイアスを完全に取り除くことは難しいですが、コミュニケーションする一人ひとりに対して、相手を尊重する気持ちで接することで、コミュニケーションの幅が広がるでしょう。

2 表現を工夫する

ICTツールによるコミュニケーションは、話し言葉以上に相手に伝わりづらく、その分、より丁寧なコミュニケーションが求められます。そのため、書き言葉の高いスキルが必要です。

しかし、ICTツールによるコミュニケーションは、話し言葉に比べて、発信するまでに十分な時間をかけることができます。時間をかけて、下書き・推敲・修正を繰り返し、だれに対しても、読みやすく・わかりやすく・正しく伝わる文章を作るように心がけましょう。

メールやチャットでの注意点

対面での会話のときには優しく応対できる人でも、メールやチャットでは、とげとげしい表現になる場合があります。

「メールやチャットでは、うまく表現できない」「誤って伝わってしまう」という経験は、多くの人にあるでしょう。

普段から業務に携わっている人同士、または、これまでに長い付き合いがある人同士で、かつ、親しい間柄であればトラブルは起こりにくいです。しかし、そうではない場合には、メールやチャットのコミュニケーションで、相手に不快な思いをさせる可能性があります。

また、限られた人（1対1や、少人数グループ）との間だけでやりとりすることが多いメールやチャットでも、受信者が、上司やほかのチームメンバーに転送することや、内容を報告することがあります。そのため、常に、だれに読まれても問題ないような文章表現を心がけておくとよいでしょう。

メールやチャットなどで心がけること

平易な表現を使う

- 普段あまり使われないような四字熟語や慣用句を避ける
- 略語は使わず、なるべく正式な用語で書く
- 専門用語や業界用語は、一般用語に置き換える
- 英語表現は、日本語表現に置き換える

読みやすさを工夫する

- 難しい漢字を避け、ひらがなで書く
- 1行の文字数を減らす
- 行間を十分にとる

より丁寧に書く

- 繰り返し出てくる言葉や内容であっても、省略せずに書く
- わかりにくい内容は、表現を変えてもう一度書く
- 文章の推敲、修正を怠らない

視覚的に伝える

- 図や絵で解説する
- 箇条書きにする、または、表にまとめる
- 絵文字やスタンプを交えて感情を表現する

3 エチケットを身につける

普段の生活にエチケットがあるのと同じように、インターネット社会の中にもエチケットがあります。以前は「ネチケット」と呼ばれたこともありました。

ICTツールを使ったコミュニケーションで、他人に迷惑をかけることなく、好感をもってもらうためにはどのように振る舞うとよいでしょうか。

メールやチャットにおけるエチケット

	ポイント	補足
添付ファイルのサイズ	なるべくファイルサイズは小さくする（目安：10MB以内）	クラウドストレージを活用するとさらによい
送信する時間帯	相手の業務時間中に送信する	相手に合わせる意識をもつ
返信するタイミング	迅速に返信する（目安：メールは1営業日以内。チャットは可能な限り早く）	休日や休暇の場合には、翌営業日になるべく早く返信する
返信の待ち方	相手に返信の催促は極力行わない	数日待って返信がない場合に、確認をする程度にとどめる
伝える用件の数	1通のメッセージに用件は1件	同時に複数の用件がある場合は、メッセージを分けて送る
転送	メッセージの転送はメール作成者に許可を得てから行う	メッセージ作成者は送信先の人以外に読まれると想定していないため、転送可否を確認する

リモートワークを意識したエチケット

	ポイント	補足
スケジュール（状況の確認）	連絡を取る前に、コラボレーションツールのプレゼンス機能で相手の状況を把握する	または、スケジューラーで予定を確認する
スケジュール（状況の公開）	コラボレーションツールのプレゼンス機能で自分の状況を公開しておく。また、スケジューラーで今後の予定を公開しておく	作業に集中したい時間帯を公開しておくことで、ほかの予定が入らないようにもできる
Web会議（カメラの利用）	カメラONを参加者に強要しない	音声のみ（カメラOFF）でも問題ない
Web会議（資料の作成）	1画面に1ページが収まるように作成する（スクロールしなくても済むように作成する）	PowerPointなどプレゼンテーションファイルで作成するのが望ましい
Web会議（複数人での参加）	自分が話すとき以外は、音声はミュートにする	商品説明会やセミナー、講演会などは特に注意が必要
Web会議（参加者の確認）	1台のパソコンで複数人が参加している場合、会議開始時に参加者を明らかにしておく	チャットなどを併用し、文字情報で参加者名を共有しておくことでも可

前記のすべてを忠実に守らなければならないというわけではありません。また、前記以外にも、ICTツールに関するエチケットはたくさんあります。

たとえば、業務でわからない事柄が出てきたとき、すぐに、周囲の人に質問をする人がいます。質問をすること自体は問題ないのですが、あまりに簡単な内容だと、質問を受ける側の人にとって迷惑となります。質問を受ける側の人は、「質問をするまでに、ICTツールや検索サイト、マニュアルを参照するなどして自分で調べたのか？」と思うでしょう。社内には、FAQサイトやマニュアルがあります。また、インターネットの検索サイトで検索すればたくさんの情報が得られます。ICTツールを活用できなければ、オフィスのコミュニケーションにも影響が出るかもしれません。

このように、オフィスを見渡すだけでも、たくさんのICTツールに関するエチケットが見えてきます。探してみましょう。

問題演習

【問1】1級

PDFファイルで資料を作成します。資料はインターネットを通じて配布するとともに、配布後には、資料を印刷して使用する可能性もあります。この資料を、ユニバーサルデザインに対応したものとするとき、次の4つの選択肢の中で誤っているものを1つ選びなさい。

1. 文字は見やすくなるよう14ポイント以上とし、UD（ユニバーサルデザイン）フォントを採用した。
2. 行間や余白を多くとり、文字間も十分にとって、読みやすくした。
3. 強調したい部分に赤や緑を使って、際立たせた。
4. 図や絵を積極的に取り入れ、文字を減らした。

【問2】2級

「アンコンシャス・バイアス」について、電話応対をはじめ、多くのコミュニケーションシーンにおいて、十分に理解しておく必要があります。次の4つのうち、「アンコンシャス・バイアス」に直接関係しないものを1つ選びなさい。

1. 偏った考え方、思い込み、偏見
2. 効率化
3. 無意識
4. 客観的な根拠がない事柄

解答・解説

【問1】 3

ユニバーサルデザインは、建築・住宅などの設備、公共施設、衣類、日用品など、様々なところで取り入れられ、できるだけ多くの人が利用できるように作られています。そして、印刷物やプレゼンテーション資料にもユニバーサルデザインが広がってきています。

3. の「赤や緑」は、色覚多様性（色覚特性）をもつ人には識別しにくい色です。強調したい部分には、別の色を使います。

したがって、正解は**3.** です。

【問2】 2

アンコンシャス・バイアスとは、「無意識の偏見、思い込み、偏った考え方」と訳されます。

人は、自分が抱いた「偏りのある考え」が、たとえ客観的な根拠がない事柄であっても、それをもとに発言したり、情報発信したり、行動する場合があります。そして、その発言や行動が、相手を傷つける場合もあります。

したがって、正解は**2.** です。

05 情報管理

重要度 ★★★

公私問わず、知り得た情報には機密情報や個人情報など重要な情報が、思った以上に多く含まれます。情報を保護しつつ、ICTツールを駆使して、上手に情報を活用できるようになりましょう。

1 情報を管理する

人は、得た複数の情報の中から、「これは自分にとって有用だ」と思った情報を、記憶・記録します。それと同時に、情報の保護・保管・保存が始まります。情報を保護・保管・保存し、その後必要になったときに、すぐに活用できるように整理しておくことを情報管理といいます。

情報を保護・保管・保存するのも大切ですが、それと同等に大切なのが「整理しておくこと」です。「大切な情報が書かれた紙のメモや書類を、どこに置いたのかがわからない」、「ファイルを、パソコンの中のどこに保存したのかを忘れた」などの状態は、必要なときに情報を活用できないだけでなく、情報の紛失や、漏えいにつながる恐れがあります。情報は、活用してこそ価値が生まれます。いつでも、すぐに使えるように管理しておきましょう。

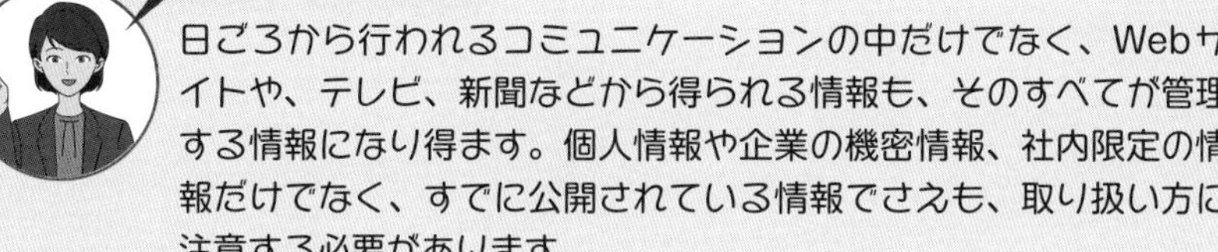

ワンポイントアドバイス
日ごろから行われるコミュニケーションの中だけでなく、Webサイトや、テレビ、新聞などから得られる情報も、そのすべてが管理する情報になり得ます。個人情報や企業の機密情報、社内限定の情報だけでなく、すでに公開されている情報でさえも、取り扱い方に注意する必要があります。

2 メールにおける情報管理

メールには、管理すべき情報がたくさん含まれています。

メール本文中に書かれた内容や、添付されたファイルはもちろんのこと、件名、送信者や受信者のメールアドレスや氏名、署名部分に書いてある会社名や電話番号、住所などはすべて、管理すべき情報です。

メールにおける注意点

	注意点	対策
宛先メールアドレス	送信メールで宛先設定を間違えない	●本文や添付ファイルの内容と、送信メールの宛先とが合っているかを確認する ●相手から届いたメールに返信する
	メールアドレスは手入力しない	●過去に送受信したメールをもとに、メールソフトのアドレス帳に登録してから送信する
	送信先が多数の場合は、全員をTOやCCに入れない	● BCCを活用し、送信先メールアドレスがほかに漏れないように注意して送信する
本文	個人情報や機密情報を書かない	●企業名、氏名、電話番号、住所などは、暗号化した添付ファイルとして送る ●暗証番号、パスワードなどは口頭で相手に伝える ●企業の未発表情報など機密情報の送受信は、メール以外のツールを使う
	返信メールのときは過去のメール本文の履歴を残さない	●メールソフトの返信機能を使って返信する場合、過去のメールの履歴を削除して情報量を減らす
添付ファイル	添付するファイルを間違えない	●送信先に設定した人に送るファイルかどうかを、作成時、送信直前など、複数回確認する
	ファイルをそのまま送らない	● ZIPファイルにし、パスワードを設定する ●ファイルのパスワード設定機能を使用する

ワンポイントアドバイス

受信したメールは、送信者や案件ごとに、フォルダを分けて保管しておくと整理しやすくなります。また、メールソフトのアドレス帳も、取引先や社内の部署ごとにフォルダを分けておくと、メール送信時に誤送信を減らす効果があります。

3 SNSにおける情報管理

SNSは、企業の公式アカウントが運用する場合を除けば、個人での利用がほとんどでしょう。しかし、「個人で使っているSNSだから自由に使ってよい」というわけではありません。

社会生活を送る中では、ルールやマナー、モラル、常識といった様々な視点をもって、発言や行動をします。それはSNSにも当てはまります。SNSは世界中の人が利用しており、だれに見られているかがわかりません。そのため、普段の社会生活以上に気を配る必要があるといえます。

SNSにおける注意点

	注意点	対策
個人情報	個人情報に注意する	●氏名、住所、出身、所属、顔写真などの公開は慎重に行う
	友人・知人など他人の情報を書き込まないように注意する	●他人の情報を含んだ投稿の場合には、本人に許可を得る
写真・動画	写真や動画に写っているものに注意する	●他人が写っている写真は投稿しない ●他人が写っている場合には加工する ●建物や展示物など人物以外が写っている場合、SNSへの投稿可否を確認する ●建物や展示物など人物以外が写っている場合、場所が特定されても問題ないか判断する
	インターネット上の写真や動画を安易に転送しない	●フェイク動画ではないか確認する ●知的財産権の侵害がないか確認する
誹謗中傷	個人への悪口を書かない	●個人の悪口とならないか判断する ●攻撃的な表現になっていないか確認する ●他人が書いた悪口を広めていることにならないか判断する

投稿内容	企業の機密情報や未公開情報を投稿しない	●社内外のいずれの業務で扱う情報も、公知のものとなっているか確認する
	業務中に起こった出来事や知り得た情報を投稿しない	●プライベートの情報のみを投稿する
	他人が投稿した内容(情報)を鵜呑みにしない	●情報の真偽を確認する

ここに注意

SNSに限らず、個人間でやり取りしたメールやチャットでも、画面キャプチャ機能やスクリーンショット機能を用いて画像化して、SNSで拡散することが可能です。また、 Web会議や音声通話でも、録画・録音して、SNSを通じて他者に転送することも容易にできます。インターネットを介したすべてのコミュニケーションの中に、企業に損害を与えたり、個人を傷つけたりする内容が含まれる恐れがあります。そうならないよう、情報発信には細心の注意が必要です。

4 リモートワークにおける情報管理

多くの企業で、自宅やサテライトオフィスでも、オフィスと同様の業務ができるようになりました。オフィスでは、関係者以外の立ち入りが制限されている場合や、様々なセキュリティツールによって保護されている場合などがありますが、自宅ではそれらがありません。自分で、十分な情報管理を行わなければならず、オフィス以上に注意が必要です。

リモートワークにおける注意点

	注意点	対策
パソコンやスマートフォンの管理	他人が勝手に操作できる状態にしない	●席を外すときは画面ロックをする ●ログインや画面ロック解除に必要なパスワードの管理を厳重にする ●パソコン内に保存するファイルは最小限にする
	紛失しない	●固定した場所で使用する ●持ち歩く場合はこまめに機器の所在を確認する
同居者のソーシャルエンジニアリング	画面に表示されたメールやファイルの情報を見られないように注意する	●個室など、画面が見られない環境をつくる ●画面ロックを活用する
	電話やWeb会議などの音声のやりとりを聞かれないように注意する	●マイク付きイヤホンを使用する ●個室で行う
書類の取り扱い	重要な情報が記載された書類はオフィスから持ち出さない	●ファイル化して、社内システム内で使用する
	机回りなどに放置しない	●鍵のかかる書庫など決まった場所に保管する
	手書きメモ（電話のメモ、会議のメモなど）を分散させない	●メモ専用のノートを作成し、メモを1カ所で管理する（裏紙や付箋などを使わない） ●パソコンやクラウド上にファイルで保存する

オフィスからのWeb会議への参加	カメラONのときの映り込みに注意する	●オフィス内の様子、掲示物などが映らない環境から参加する
	ほかの音声が入り込まないように注意する	●オフィス内でほかの人が話す話し声などが入り込まない静かな場所から参加する

上記の表にあるように、リモートワークにおける注意点は、たくさんあります。それに対して役立つのが、クラウドサービスです。業務で扱うファイルをクラウド上にあるオンラインストレージに保存し、オンライン上で編集・加工ができます。

メールも、送受信したメールはパソコンやスマートフォン内には極力保存せず、クラウド内で保存できるサービスを活用します。

Web会議では、映像、音声、ファイル、文字など、多数の管理すべき情報が扱われますが、多くのWeb会議サービスで、クラウド上に記録として保存できるようになっています。

情報をクラウド上の1カ所に集めて管理し、「インターネットにさえつながれば、いつでも、どこでも情報が扱える環境」をつくっておくことで、場所にとらわれずに業務を進められます。

問題演習

【問1】 1級

コンプライアンスの観点から、企業の印象に悪影響を及ぼす事例として、当てはまらないものを1つ選びなさい。

1. 歩道を歩きながら、スマートフォンを操作した。
2. 電車の中で、通勤用カバンを紛失した。
3. ファイルの受け渡しに、クラウドストレージを使った。
4. 社外へ送信するメールの送信先を誤ってしまった。

【問2】 2級

スマートフォンで撮影した写真をSNSやWebページに掲載・投稿するときは、情報管理について注意しなくてはいけません。次の中で、情報管理の観点から行ってはいけないことはどれですか。1つ選びなさい。

1. 人物が写っていない写真を投稿する。
2. 解像度の高い写真を投稿する。
3. 公開範囲を可能な限り狭くして投稿する。
4. 撮影から時間をおいて投稿する。

【問3】 1級

Wi-Fiのセキュリティ対策に関する記述として、適切なものはどれですか。次の中から1つ選びなさい。

1. 自宅で使うWi-Fiは家族しか使わないため、機器の設定にかかわらず安全に通信できる。
2. スマートフォンでWi-Fiに接続しようとしたところ、数多くのアクセスポイントが表示されたので、接続できそうなところに接続した。
3. 公共の場でパソコンをWi-Fiに接続するときには、利便性を考えて、ファイル共有機能を有効にした。
4. 街中のアクセスポイントには、個人情報を窃取することを目的に設置されているものがあるため、接続前にアクセスポイント名や接続方式の安全性を確認した。

【問4】 3・4級

不特定多数の人と気軽にコミュニケーションが取れるSNSの特徴について、不適切なものはどれですか。次の中から1つ選びなさい。

1. 掲載されている情報は、すべて正しいとは限らないことを意識して使う。
2. SNSを通じて他人の意見を知り、反論があれば自分の意見を一方的に伝えるのがSNSのあるべき姿である。
3. 個人情報などプライバシーにかかわる情報の公開は、必要最小限にする。
4. インターネット上でのコミュニケーションは、ほかの人からも見られていることを意識して使う。

解答・解説

【問1】 3

これまで、ファイルの受け渡しは、多くの場合、メールに添付していました。しかし今では、クラウドストレージなどのインターネットサービスを活用するほうが、安全に受け渡しができます。したがって、正解は**3.** です。

日ごろから、コンプライアンスを常に意識して行動することが求められています。結果的には、大きな事故につながらないような行動であっても、社会的な印象に影響を及ぼすことがあるため、注意が必要です。**1. 2. 4.** は、その具体的な事例といえます。

【問2】 2

写真の解像度が高いと、細かい部分から情報が流出してしまいます。過去には、瞳に映った景色や指紋から、個人を特定されたこともありました。

きれいな写真のほうがよさそうですが、情報管理の観点から考える場合、スマートフォンで撮影した写真をSNSやWebページに掲載・投稿する際は、写真を加工したり、解像度の低い写真を選びます。

したがって、正解は**2.** です。

【問3】 4

悪意で設置されたアクセスポイントの場合、IDやパスワードなどの入力を要求する認証画面が偽物である危険性があります。その結果、SNSのIDやパスワードを窃取され、身に覚えがない投稿がされるなどの可能性があります。

Wi-Fiにアクセスする際は、「正しいアクセスポイントかどうか」、「正しいURLで、HTTPSといった暗号化通信がされているかどうか」などを、確認する必要があります。

1. 自宅のWi-Fiの電波も屋外に漏れています。IDとパスワードがわかれば、だれでもアクセスできてしまうため、安全とは言い切れません。

2. 数多くのアクセスポイントが表示されたとしても、むやみに接続してはいけません。アクセスポイントの真偽や暗号化通信がされているかどうかを確認します。

3. 公共の場でパソコンをWi-Fiに接続するときには、ファイル共有機能を無効にします。無効にすることで、他人から無断でアクセスされることを防ぎます。

4. 街中のアクセスポイントには、個人情報を窃取することを目的に設置されているものがあるため、接続前にアクセスポイント名や接続方式の安全性をよく確認する必要があります。

【問4】 2

利用者が増えている「SNS」は、気軽にコミュニケーションが取れるツールです。だれでも使えて、自由に投稿できますが、安全が確保されている空間とは言い難いです。使い方を間違えるとマナー違反になる場合があります。

「SNS」は、投稿を閲覧できる範囲に制限をかけることができます。しかし、投稿内容は、インターネット上に公開される情報です。そのため、原則、投稿した情報はだれでも読める状態にあります。したがって、プライバシーにかかわる情報の公開には十分に気をつける必要があります。

誹謗中傷、批判などのネガティブな情報は、見ている人を不快にさせ、自分自身の信頼を損なう可能性があるので控えます。

また、「SNS」は、個人的なやりとりよりも、情報を広範囲に伝えるのに適したツールです。思わぬ情報漏えいにもつながる可能性もあり、「なりすまし」といった犯罪行為もあるため注意して使う必要があります。

06 著作権を守る

重要度 ★★★

ICTツールで扱われる、文章・画像・写真・ファイル（資料）のほとんどには知的財産権があり、保護されます。知的財産についての基本的な知識を身につけましょう。

1 文字による情報の扱い方

新聞や雑誌の記事

「新サービスに関する新聞記事のコピーです」、「雑誌にこんな記事が出ていました」といって、記事をスキャンしたPDFをメールに添付して配信するケースや、社内掲示板に掲載するケースがあります。

上記のように、新聞や雑誌に掲載されている記事を利用する場合には、事前に新聞社や出版社などへ、必要な手続きができていれば問題ありません。しかし、手続きをせずに、勝手に記事を利用した場合には、著作権の侵害となる恐れがあります。同じ記事が、インターネットで公開されている場合は、その記事のURLをメールに書いて配信するか、または、社内で展開するとよいでしょう。

自分が作成する資料類

新聞や雑誌などの記事のほかにも、企業で作成された提案書や説明資料、研修で使用するテキストやマニュアル、サービスを説明するWebサイトなど、あらゆる著作物に著作権があります。著作物の中に「Copyright © 2024 ○○ Inc. All Rights Reserved.」のように明示されていることも多く、著作権があることがわかります。この表示がない場合も著作権法で保護されますが、自分が作成する資料類には明記しておくとよいでしょう。

2 画像ファイルの利用

営業活動や社内外の会議などに向けて、会議資料を作成する場合があります。文字による説明以外に、グラフや図表、イラストなどを用いると、見やすくわかりやすい資料となりますが、このときにも、知的財産権を意識する必要があります。

グラフや図表

プレゼン資料を作成する際、他者が作成した調査資料やレポートから引用して、挿入するときには、出典を明記する必要があります。

インターネット上に公開されたグラフや図表を引用して挿入する場合には、以下の情報を明記します。

- Webサイト名
- 掲載されているWebページのタイトル
- URL
- 入手した年月日

〈例〉公益財団法人日本電信電話ユーザ協会.「電話応対技能検定（もしもし検定）」.https://www.jtua.or.jp/education/moshimoshi/,（参照2023-11-11）

イラスト

ほとんどのイラストには著作権があり、無断で使用することはできません。プレゼン資料などにイラストを挿入する際は、使用許可を得るか、または、対価を支払って使用する権利を得る必要があります。

フリー素材を活用するケースもありますが、商業利用が可能か、使用制限の有無、禁止事項などを十分に確認し、その範囲で使用しなければなりません。

ロゴ

イラスト以外に、企業ロゴや商品・サービスのロゴを使用する場合にも注意が必要です。ロゴには著作権や商標権が設定されている場合や、各企業でロゴの使用にあたってのガイドラインを細かく設定している場合が多くあります。

企業ロゴや、商品・サービスのロゴを使用する際は、ロゴを保有する企業に許可を取り、ガイドラインを守って使用します。

3 音の利用

動画による研修やセミナー、説明会が行われることが増えました。また、Web会議ツールを使用したオンライン配信も企業内で行われています。これらにも様々な知的財産権が関係してきます。

音楽

動画を制作する際に、BGMや効果音を使用するケースがあります。特に、多くの人が聞きなじみのある音楽を使用すると内容が伝わりやすくなり、質の高い動画コンテンツとなります。動画で使用する楽曲にも著作権があり、使用する際には許可が必要で、多くの場合は有料です。

ほかにも、音商標といって、音楽や音声など、聴覚で認識される商標があります。企業がCMで使用するサウンドロゴなどが音商標として登録されている場合があるため、注意が必要です。

口述

研修や講演会で講師が話す内容には、著作権法の口述権があります。

講師が話した内容を、聴講者が、ほかで使用すると、口述権を侵害する恐れがあります。

また、講師が話す内容に、新聞記事や書籍にある文章が含まれている場合にも、著作権法に抵触することがあります。

文字や画像、音楽だけでなく、口述にも著作権法が関係してくることに注意しましょう。

問題演習

【問1】 **1級**

他社が発表したニュースリリースが、新聞記事になっていました。この記事の情報を自社の社内外で共有したいと考えています。次の4つのうち、共有方法に制限があるものを1つ選びなさい。

1. 新聞記事をスキャンしてデータにし、販売促進用のちらしに印刷する。
2. 新聞記事を切り抜き、そのまま（紙のまま）担当内で回覧する。
3. Webで配信されているニュースサイトから同じ記事を探し、そのURLをチャットで共有する。
4. 記事の元となったニュースリリースを探し、そのURLをメールで共有する。

【問2】 **2級**

生成AIを利用したチャットサービスの利用を検討しています。最も配慮しなければいけない点はどれですか。次の中から1つ選びなさい。

1. インターネット接続の安定性と速度
2. システムダウンにつながるサーバーの過負荷
3. 知的財産権やプライバシー、セキュリティなどへの配慮
4. 利用者自身の業務に関する知識や経験

解答・解説

【問1】 1

新聞記事は著作権法で保護されており、複製して配布するためには、新聞社などから許可を得る必要があります。

あらかじめ複製などの許可を得ている場合には、許可されている範囲内で記事を活用することができます。

2. 3. 4. は、許可の有無に関係なく、問題のない共有方法です。

【問2】 3

生成AIを利用する上での重要な注意点は、プライバシーとセキュリティに関連する懸念事項です。

生成AIは人工知能（AI）によって、入力された会話から応答を生成します。そのため、入力された情報が人工知能（AI）に反映、学習され、別の利用者の応答に含まれる恐れがあります。特に、ユーザーが機密情報や個人情報を提供する場合には、注意が必要です。

生成AIを利用したチャットサービスを利用する上では、機密情報や個人情報を入力しないといったルールを決め、適切なセキュリティ対策が行われているかを確認するのが重要です。

コラム 変化するコミュニケーションに対応する

近年、ライフスタイルやワークスタイルが多様化し、「常識」、「普通」と思われてきた価値観も変化してきています。この変化は、人と人とのコミュニケーションにおいても見られます。たとえば、電話の代わりにメールやチャットが多く使われるようになったり、対面形式の会議がWeb会議になったりして、それぞれに新しい使い方や、ルール・エチケットが生まれています。

一例として、Web会議を取り上げてみます。Web会議では、話す言葉（「敬語の使い方は正しくできているか」「スムーズに話せているか」「聞き取りやすく話せているか」）、プレゼンテーション資料（「漢字を使うかひらがなを使うか」「改行位置や行間の量はどうか」「色使いはどうか」「文字のサイズはどうか」）、カメラ映像（「表情や背景、服装は問題ないか」）といった点に関心がいきがちです。これらも大切ですが、枝葉の部分です。

Web会議において大切なのは、「論理的に伝える」ことです。どれだけコミュニケーションのスタイルが変化しても、これは変わりません。様々なフレームワークを用いながら論理的に伝えることで、相手も、そのフレームワークにあわせて情報を受け取れるようになり、理解しやすくなります。

様々な価値観の変化を柔軟に受け入れ、自らの価値観を変えつつも、それらの変化に対応できる多様なフレームワークを身につけましょう。

第3章
マナー

マナーは、範囲が広いので効率的な学習が求められます。
3級・4級試験では、身だしなみや所作をはじめ、
社内での報連相（報告・連絡・相談）、会社訪問や来客応対など、
実務で役立つマナーが出題されます。
また、メールやWeb会議のマナーも含まれます。
1級・2級試験は、それらの応用的な対応や
会社間のお付き合い、多様性への対応についても問われます。

01 ビジネスマナーの基本

重要度 ★★★

**マナーの考え方を知り、
ビジネスマナーの基本を学びましょう。**

1 マナーとは

マナーとは、礼儀作法のことです。堅苦しいと感じる人もいるかもしれませんが、決して、形式や作法ありきではなく、「相手を思いやる心」が伴う行動です。

私たちは毎日、家庭や職場で、人とのつながりをもちながら過ごしています。「どうしたら、人との付き合いがうまくいくか」「どうすれば、ビジネスが円滑に進められるか」などの知恵は、マナーから学ぶことができます。

重要なのは、相手の心に届く「言葉遣い」「態度」「振舞い」を、第一に考えることです。

マナーの根底にあるもの

- 相手を思いやり、相手の立場に立って考え、行動する
- 自分がされてうれしいことをする、自分がされて嫌なことはしない
- 自分を大切にする。そのために思慮深く、気配りをする

マナーを学ぶことの効果

- 相手に好印象を与えることができる
- ビジネスを円滑に進めることができる
- 自信を持って行動できるので、周囲を思いやる心の余裕が生まれる

2 身だしなみ

人の第一印象は、目から入る情報に大きく左右されます。相手に不快な感じを与えず、多様な働き方にも対応できる身だしなみについて考えてみましょう。

1 身だしなみの3原則

- 清潔
- 上品
- 控えめ

2 おしゃれと身だしなみの違い

- おしゃれ　：自分が楽しむため（自分目線）
- 身だしなみ：相手に不快な思いをさせないため（相手目線）

3 職場での身だしなみ

ビジネスウェアはカジュアル化の傾向にありますが、自分の好みだけで服装を決めてよいということではありません。ここでは、主流になりつつあるビジネスカジュアルの基本について説明します。

ビジネスカジュアルの基本

ビジネスの服装で最もフォーマルなのは、上下そろいのスーツスタイルです。ビジネスカジュアルは、スーツスタイルからカジュアルダウンした装いを指します。

「カジュアル＝普段着」ではありません。取引先へ訪問するときなど、相手に失礼のない服装であることが前提です。また、社外の人とのWeb会議に出席する際も、ビジネスカジュアルが基本です。

ビジネスカジュアルの例

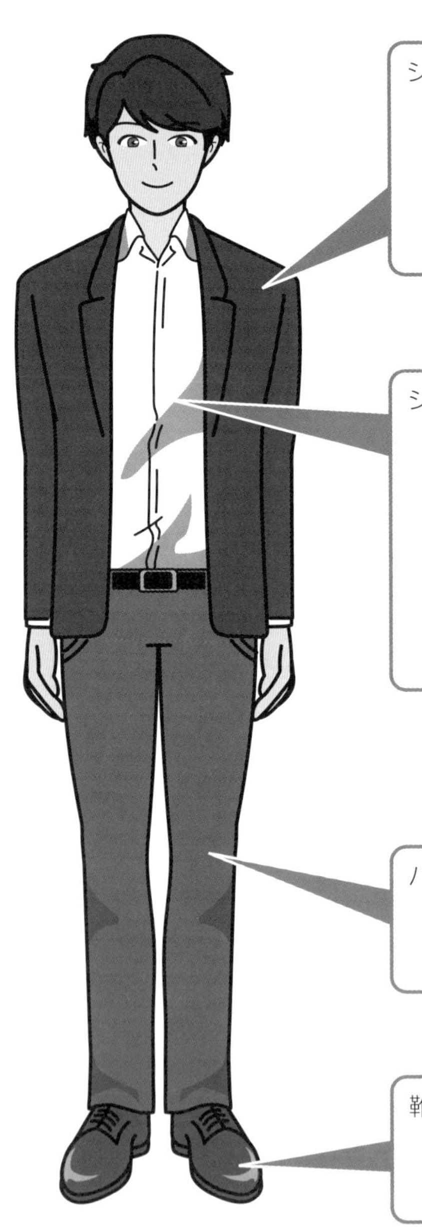

ジャケット：肩パッドなし、または薄めの肩パッドが付いているソフトジャケット。
クールビズ期間はノージャケットでもOK

シャツ：ノーネクタイが基本（※）のため、ボタンダウンなど、襟に立体感のあるシャツが、バランスがよい。ジャケット着用のときは、白や淡い色が基本
※例外として、ニットタイはビジネスカジュアルに入る

パンツ：くるぶしが隠れる長さ。
業種によってはチノ・パンツなどの綿素材もOK

靴：革靴が基本。クールビズの時期であれば、ローファー、革製のスニーカーも業種によってはOK

ビジネスカジュアルの例

ジャケット：クールビズ期間はノージャケットでもOK。内勤であれば、ジャケットの代わりに、ニットアンサンブル、カーディガンもOK

トップス：襟付きのシャツやブラウス。カットソーの場合、胸元の開きが深くないデザインで、透けない素材のものにする。ノースリーブはNG

ボトムス：スカートは身体のラインがはっきり出ないものにする。ミニスカートやくるぶし丈のロングスカートはNG。パンツはフルレングス、9分丈が基本。クールビズ期間であれば、7分丈程度のクロップドパンツも許容の範囲

靴：パンプス、フラットシューズ。つま先が隠れないサンダルはNG。内勤であれば、落ち着いたデザインのスニーカーもOK

ワンポイントアドバイス

ビジネスカジュアルはスーツスタイルに比べて自由度が高く、服装選びが難しいものです。身だしなみの3原則を心がけ、仕事内容や相手とのバランスもよく考えて、服装を選ぶことが大切です。

オフィスカジュアルとは

ビジネスカジュアルをさらにカジュアルにし、リラックス感のある服装を、「オフィスカジュアル」と呼ぶこともあります。ビジネスカジュアル、オフィスカジュアルともに、名称の定義は、会社や業界、職種によっても異なります。服装規定がある場合は必ず確認しましょう。

ビジネススーツのチェックポイント

ビジネスカジュアルに比べると、明確なルールがあるのがスーツスタイルです。ここでは押さえておきたい着こなしのポイントを紹介します。

- ●スーツ：肩、ヒップ周りなど、程よく身体にフィットしていることが大切（小さすぎる、大きすぎるなど、サイズが合っていないものはNG)。紺、グレーがビジネススーツの定番色。レディーススーツはオフホワイト、ベージュ、ブラウンなど、色のバリエーションが増える
- ●シャツ：襟付き、白や淡い色、無地（地模様も含む）または控えめなストライプ柄が基本。
  メンズスーツの場合、ジャケットの襟と袖口からワイシャツが1.5㎝程度見えるようにする。レディーススーツはボウタイのブラウスやカットソーもOK
- ●靴：革靴が基本。まめに手入れをし、きれいに磨いておく
- ●そのほか：スーツスタイルに白ソックスやスニーカーソックスはNG。ストッキングは自然な色が望ましい（伝線していないか確認する）

3 挨拶

良好な関係は挨拶から始まるといわれています。挨拶は、動作だけでなく、どのような思いを込めるかも大事です。心を込めた挨拶を行うためのポイントを学びましょう。

挨拶の言葉

挨拶はコミュニケーションの基本です。ここでは、ビジネスでよく使う挨拶を確認しましょう。会社で決められた挨拶がある場合は、会社のルールに従います。

シーン	挨拶
出社したとき	「おはようございます」 同期や部下へは「おはよう」でもよい
外出するとき	「行ってきます」「行ってまいります」
帰社するとき	「ただいま戻りました」「ただいま帰りました」
会議室などに入退室するとき	「失礼いたします」
社内で社員とすれ違うとき	朝は「おはようございます」 朝以外は「お疲れさまです」
退社するとき	「お先に失礼します」
退社する人に	「お疲れさまでした」

ここに注意

目上の人に、「ご苦労さまです」「ご苦労さまでした」と挨拶してはいけません。

挨拶のポイント

- あ：明るく
- い：いつでも
- さ：先に
- つ：続けて

お辞儀

ビジネスシーンで一般的なお辞儀を紹介します。場面に応じて使い分けができるようにしましょう。

種類	角度	シチュエーション
会釈	15 度	人とすれ違いざまに挨拶をする
普通礼	30 度	上司、目上の人に挨拶をする、お客様を迎える、訪問する
敬礼	45 ～ 70 度	お客様を見送る、お礼をする、お願いをする
最敬礼	70 ～ 75 度	謝罪をする

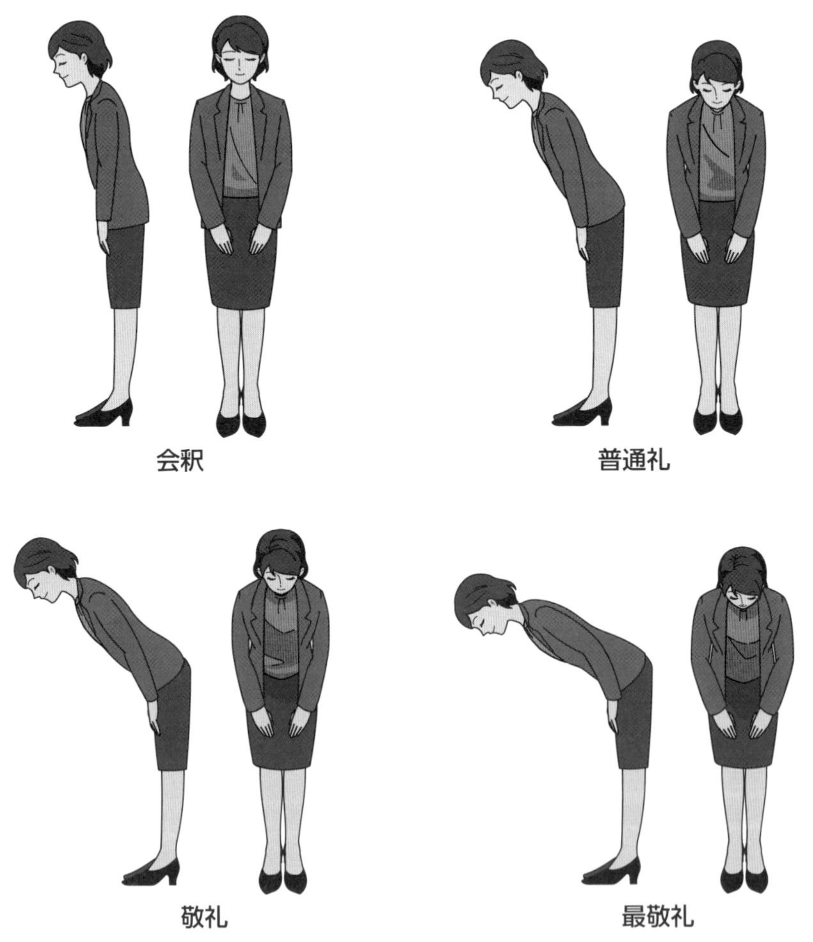

お辞儀のポイントと流れ

❶背筋を伸ばし、両足をそろえ、両手は身体に沿わせて、あごをひく

❷相手の目を見て、挨拶言葉を伝える

❸挨拶言葉の終わりから上体を倒し、ひと呼吸おいて上体を起こす（倒すときは腰から）

❹上体を起こしたら、再び相手を見る

ここに注意

お客様を案内している同僚とすれ違ったときは、同僚に挨拶をするのではなく、お客様に30度のお辞儀をします。

コラム 笑顔は最高の贈り物

ビジネスにおいて、笑顔はとても大切です。笑顔は、職場の雰囲気を明るくし、初対面の相手の緊張を和らげ、好印象を与えます。

しかし、自分では笑顔で接しているつもりでも、相手からは笑顔に見えていないこともあります。１日の始まりに少しの時間を使って、鏡で自分の笑顔を確認してみませんか。

笑顔は表情筋によって作られます。表情筋は、動かさないと衰えてしまいます。目元、頬、口元の筋肉をしっかり動かして、「天に開く花」のような最高の笑顔を贈りましょう。

≪笑顔の３ステップ≫

①穏やかな表情でアイコンタクトを取る
②頬の筋肉を緩める
③口角を左右対称に引き上げる

4 ビジネスシーンにおける基本動作

基本の立ち方

姿勢は、すべての動作の基本です。まずは、正しい立ち方を確認しましょう。

足元：かかとをつける。つま先を少し開いてもよい

背筋：猫背にならないように、まっすぐに伸ばす

腹部：下腹（おへそから3㎝下あたり）を背骨方向へ軽く引き込む

手　：指をそろえる

腕　：自然に身体に沿わせる

座り方

前から見たとき

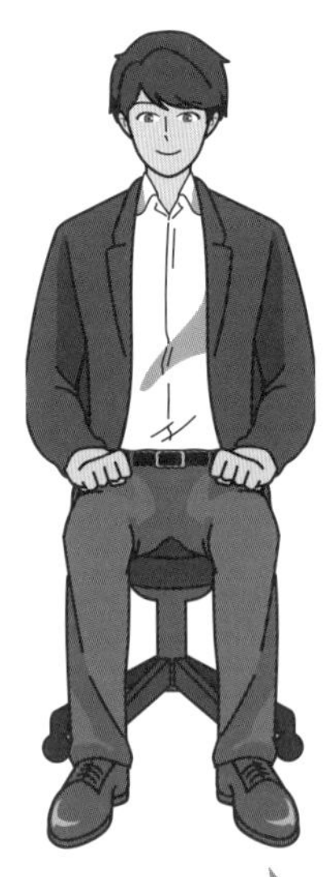

ひざは拳2つほど開けて、靴の幅も同じくらいに開く

ひざをつけてかかとからつま先をきちんとつける

横から見たとき

- 少し浅めに座る
- あごをひいて頭をまっすぐに起こす
- 背筋を伸ばす
- 太ももに重心を置くと、上半身が少し相手のほうに傾く

着席の仕方

基本的には、椅子は下座側から入ります。ドアに近いほうが下座です。

ドアが右にあれば下座は「右」、左にあれば下座は「左」です。ただし、テーブルマナーだけは、プロトコールの下座に当たる「左」から入る決まりになっています。

ビジネスバッグは、座る椅子の足元の横（床）に置きます。

小さいバッグなら、浅く腰かけて椅子の背もたれと背中の間に置くか、隣の椅子が空いていたら、相手に断ってその上に置いても構いません。

着席の流れ

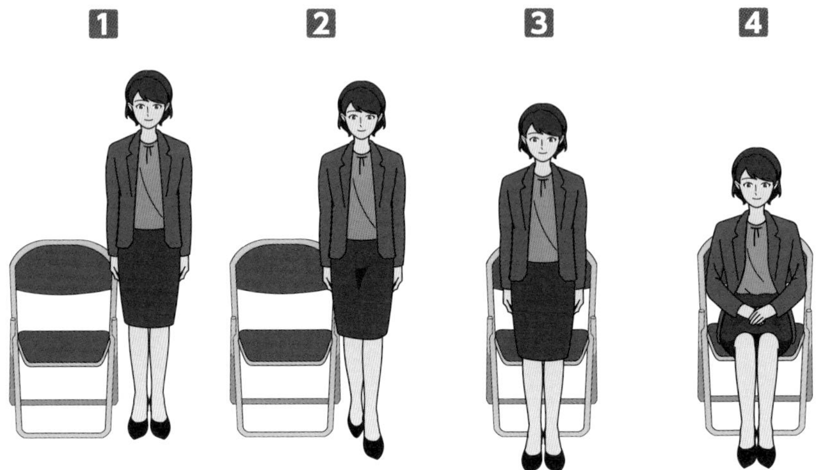

1 椅子の下座（左）側に立つ　　※この場合、ドアは左にあります

2 椅子に遠いほうの足（左足）から出す

3 椅子の前で両足をそろえる

4 腰を下ろす

ワンポイントアドバイス

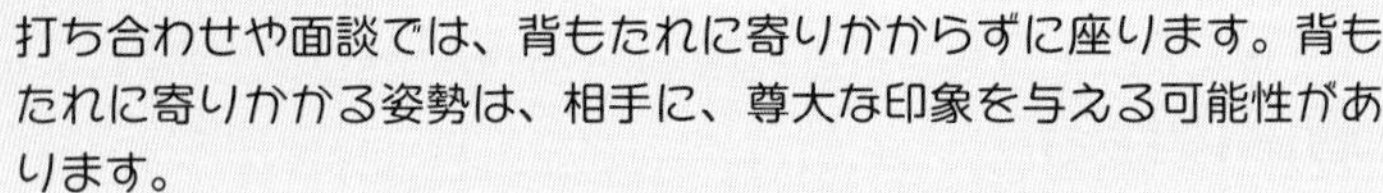

打ち合わせや面談では、背もたれに寄りかからずに座ります。背もたれに寄りかかる姿勢は、相手に、尊大な印象を与える可能性があります。

物の受け渡し

- 渡すときも、受け取るときも、基本は両手で行う
- 相手に正面を向けて渡す
- 相手がすぐに使える状態で渡す（ペンやハサミなど）

方向の示し方

- 手のひらを上にして、指をそろえる
- 右方向を示す際は、右手で示す。左方向を示す際は、左手で示す
- 示したい方向に目線を添える

5 時間管理

時間厳守は、ビジネスの鉄則です。期限を守ることは社会人の基本であり、信頼を得るためには欠かせません。

テレワークが普及し、公私の区別や時間管理の重要性がさらに高まってきています。相手の貴重な時間を無駄にしないよう、相手目線での行動を心がけましょう。

効率的な時間管理のポイント

- 目標を明確にする
- やるべきことをリストアップし、整理する
- 重要度と緊急性で優先順位をつける
- 進捗状況を常にチェックし、必要に応じてスケジュールを変更する

問題演習

【問1】 **3・4級**

マナーとは礼儀作法のことです。マナーの根底にあるものを選択肢で挙げています。ふさわしくないものはどれですか。次の中から１つ選びなさい。

1. 自分がされてうれしいことをする。

2. 自分がされて嫌なことはしない。

3. 相手からよく思ってもらえるように考え行動する。

4. 相手を思いやり、相手の立場に立って考え行動する。

【問2】 **3・4級**

挨拶はコミュニケーションの基本です。感じのよいお辞儀のポイントとして、誤った記述はどれですか。次の中から１つ選びなさい。

1. 姿勢を正し、相手に足先を向ける。

2. 相手とアイコンタクトを取る。

3. 挨拶の言葉の終わりから上体を倒す。

4. 上体を倒すときは頭も深く下げる。

【問3】 3・4級

お辞儀に関する問題です。以下の状況で適切とはいえないお辞儀の仕方はどれですか。次の中から1つ選びなさい。

1. 他部署の先輩とトイレで会ったので、15度程度の会釈をした。
2. 来客にお茶出しをするため応接室に入るとき、15度程度の会釈をした。
3. 来客を30度程度のお辞儀で出迎えた。
4. 来客と廊下で談笑をしているとき上司が前を通ったので、30度程度のお辞儀をした。

【問4】 3・4級

会社を訪問して、初めて商談相手と面会します。訪問するときのビジネススーツの着こなしに関する記述です。次の選択肢の中で不適切なものはどれですか。次の中から1つ選びなさい。

1. 2つボタンのスーツでは、上のボタンのみ留める。
2. ワイシャツの袖は、スーツ上着の袖口からはみ出さない。
3. スーツ上着の外ポケットのフラップ（ふた）は、中に入れても外に出してもよい。
4. パンツの丈は、足のくるぶしが隠れる長さにする。

解答・解説

【問1】 3

1. 2. 4. は、正しい記述です。

マナーの根底にあるのは、「目の前にいる相手を思いやり、相手の立場に立って振る舞う」という考え方です。

マナーの実践によって、結果的に、相手に好印象を与えたり、仕事を円滑に進められたりなどの効果が期待できます。

よって、「相手からよく思ってもらうために、マナーを実践する」ではなく、正しくは、「マナーを実践することで、相手によく思ってもらえる効果が期待できる」です。したがって、正解は、**3.** です。

【問2】 4

お辞儀をするときは、背筋を伸ばした状態で、腰から上体を倒します。

頭を深く下げると猫背になり、よい姿勢とはいえません。したがって、正解は **4.** です。

【問3】 4

上司に対して30度程度の深いお辞儀をすること自体は、問題ありません。しかし、社外の人と廊下で談笑しているときは、社外の人との会話を優先します。したがって、**4.** のような状況の場合、上司への挨拶は目礼程度で構いません。

30度程度の深いお辞儀は、「普通礼」と呼ばれています。「普通礼」をする場面は、上司や目上の人に挨拶をするときや、お客様を迎えるとき、自分が訪問するときです。

【問4】 2

1. 3. 4. は正しい記述です。

ワイシャツの袖は、スーツ上着の袖口から1.5㎝程度出します。したがって、正解は**2.** です。

現代は洗えるスーツも流通し、便利になりましたが、以前のスーツはウール製であったため、頻繁にクリーニングできるものではありませんでした。そのため、清潔感を保つために、身体の汗や袖口の汚れがスーツにつくのを防ぐ目的で、ワイシャツの袖を長くしていました。そして現在も、ワイシャツは、袖を長くするのが正しい着こなし方とされています。ビジネススーツを正しく着こなす場面においては、上記のようなことも知っておいてください。

なお、**3.** の「ポケットのフラップ（ふた）」は、ポケットの内側に入れても、外に出してもどちらでも構いません。

スーツの着こなしのマナーは欧米から由来しており、フラップは、普段は内側に入れ、雨が降ったときに外に出すとされていました。しかし、現代では、どちらでも構いません。

重要度 ★★★

職場のコミュニケーション

ビジネスを円滑に進めるために、
互いに敬意を払ったコミュニケーションを図りましょう。

1 職場の人間関係

仕事はチームで行うものです。良好な人間関係は、良い成果をもたらします。

良好な人間関係を築くために

- 気持ちのよい挨拶をする
- 時間や納期などの約束事を守る
- 適切な「報告・連絡・相談」をする
- 業務に必要なICTツールが使える

ワンポイントアドバイス

近年、ビジネスコミュニケーションにチャットやWeb会議なども加わり、ICTツールは欠かせません。「使い方がわからない」、「詳しい人に常に任せる」ということでは、円滑に仕事を進められません。一人ひとりが積極的に、ICTツールの使い方を覚えることが大事です。

上司への言葉遣い

基本的に、上司には敬語を使いましょう。自分は親しげに話してよいと思っていても、上司がそれでよいと思っているかはわかりません。また、日ごろは敬語を気にせず話している上司であっても、お客様の前で話す場合は、敬語を使う必要があります。

上の立場になっても、部下だからといって、命令口調や、なれなれしい言い方は良くありません。部下を呼び捨てにしたり、「○○ちゃん」と呼んだりするのは控えます。職位に上下はあっても、接する相手には、敬意を払いましょう。

離席するとき

休憩や、一時的に席を外すときには、近くの人に声をかけ、所在や戻る時間などを伝えておきましょう。お客様から電話があったときに、受けた人が、的確に応対できます。

ワンポイントアドバイス

社内のスケジュール管理システムには、業務の予定だけでなく、在宅勤務（テレワーク）や休暇なども登録して、「いつ、どこで、何をしているか」を公開しておきましょう。また、プレゼンス機能を活用するのもよいでしょう。

2 指示の受け方

仕事は、上司の指示を受けるところから始まります。正確に指示を受け、仕事を完遂しましょう。

指示の受け方のポイント

- 上司に呼ばれたら返事をして、メモを持ってすぐに向かう
- 話を聞きながら、必ずメモを取る
- 不明な点は質問する

ワンポイントアドバイス

メモ用紙を使わず、パソコンやスマートフォンを使ってメモを取る場合には、会社で認められている場合を除いて、上司に一言断りを入れ、承諾を得るとよいでしょう。

ワンポイントアドバイス

メールやチャットなどで指示を受けたときは、内容を確認し、早めに返信します。不明な点の確認はもちろん大事ですが、文面からは伝わってこない、上司が意図するニュアンスを確認するのも大事です。メールやチャットと併せて、電話やWeb会議などで直接コミュニケーションを取ると良いでしょう。

こんなときどうする？

1 作業の途中で不明な点が出たとき

不明な点が出た時点で、指示を受けた上司に確認します。

2 同時に別の仕事の指示を受けたとき

仕事の優先順位は、指示を受けた順番や、指示をした人物の職位順で、決まるものではありません。

今取りかかっている仕事があるところに、新たに仕事を受けたときは、そのことを上司に伝えて、指示を仰ぎます。

3 手が離せない状況で、上司に呼ばれたとき

自分が作業している最中に、上司に呼ばれた場合は、まずは「はい」と返事をし、今の作業を切り上げて向かいます。

一方、電話応対やWeb会議など、他者がかかわっている場合は、簡潔に事情を伝え、後で上司のもとへ向かいます。

3 報告・連絡・相談

指示を受けた仕事を進める上で欠かせないのが、報告・連絡・相談です。

報告

仕事は、進捗に応じて、指示を受けた上司に報告をします。報告をするときは、口頭はもちろん、メールやチャットなどでも行います。

報告は、タイムリーかつタイミングよく行うことが大事です。

ポイント

- 結論を先に伝え、その後で経過説明などの詳細を伝える
- 事実は客観的に、自分の意見とは分けて伝える
- 複数の報告をするときは、重要度や緊急度の高いものから伝える
- 良い報告と悪い報告があるときは、先に悪い報告からする

ワンポイントアドバイス

ミスをしたときは、わかった時点で速やかに上司に報告します。ミスを隠したりごまかしたりしてはいけません。すぐに報告すれば対処がしやすくなります。

連絡

必要な情報を関係者に伝えるのが、連絡です。最近は、メールやチャットを使用することも多いです。

連絡は、対象者が漏れることなく、確実に行うことが大事です。

ポイント

- 初めに、何の連絡かを伝える。続いて、結論から伝える
- 事実を客観的に伝える
- 簡潔かつ正確に伝える

相談

仕事上でわからないことや、意見を聞きたいことなどがあったら、上司や先輩、同僚などに相談してみましょう。また、相談することで、互いの考え方が理解でき、人間関係が深まりやすくなります。

ポイント

- 相手の都合を確認する
- 相談内容は、相手にわかりやすいように整理しておく
- 感謝の気持ちを伝える

ワンポイントアドバイス

「相談したら終わり」ではありません。その後どうなったのかは、相手も気にかけているものです。相談した相手には、結果を報告しましょう。結果を報告することで、社内で情報共有でき、同じ事案で困っている人がいるときに役立ちます。

4 チャット

チャットは、迅速かつ簡易的なコミュニケーションツールとして、ビジネスでも広く普及しています。会社の規模や業種、組織のあり方によって、使用するツールや、コミュニケーションのあり方も異なります。

チャットを利用する際の心得

1 簡潔な文章を書く

迅速なやりとりができるのが、チャットの利点です。用件は、簡潔に伝えましょう。

伝える内容が多い場合は、短い文章に分け、相手とやりとりしながら意思の疎通をしましょう。

2 レスポンスは早くする

受信者は、内容を確認したら、早めに返信をします。すぐに回答できない場合でも、「確認して返事します」など、一次回答をしましょう。送信者は、相手に早く気付いてもらえるよう、メンション機能を使うなどの工夫をしましょう。

3 業務時間内に利用する

ビジネスに関することは業務時間内に送りましょう。緊急などの理由で時間外に送る場合は、お詫びの言葉を添えて送りますが、あくまでも、会社のルールに従って運用しましょう。

ここに注意

会社によっては、言葉遣いや、絵文字やスタンプの使い方（あるいは使用禁止）など、固有のルールが存在します。組織のルールに従って、あくまでも、ビジネスを円滑に進めるために使うコミュニケーションツールであると心得ましょう。

コラム チャットにも思いやりの言葉を添えて ▶▶▶

チャットには、「おはようございます」「お疲れさまです」などの挨拶や、「恐れ入りますが」「お忙しいところ恐縮ですが」などの言葉は不要と言われることがあります。しかし、これらの言葉が相手の心を開き、相手との人間関係を良くしてくれることもあります。たとえば、相手の申し出を断らないといけないときに、「無理です」「できません」のメッセージだけが届いたらどのように感じるでしょうか。ビジネスのやりとりであるため、相手の申し出を断ることが伝わるよう、あいまいな表現はしません。しかし、「申し訳ございませんが」「とても残念ですが」などの言葉を添えることで、相手の気持ちを害さずに済むかもしれません。

コミュニケーションの相手は生身の人間であり、「心」があります。そのことを念頭に置いて、企業風土や互いの関係性に基づいて適切なコミュニケーションを取りたいものです。

問題演習

【問1】 **3・4級**

上司から指示を受ける際の注意点として適切でないものはどれですか。次の中から１つ選びなさい。

1. 指示が重なってしまったときは、先に受けた仕事から対処する。
2. 締切日の指示があいまいなときは、日にちを確認する。
3. 指示を受けるときは、必ずメモを取りながら聞く。
4. 不明点があるときは、指示を最後まで聞いてから質問する。

【問2】 **3・4級**

要領のいい報告をするためには、昔から「5W1H」の要素を満たすのが良いといわれています。さらに、「5W1H」は、情報を聞き出すときの質問の要素にもなります。「話し方」・「聞き方」で上手に活用するとコミュニケーション力がアップします。

それでは、「5W1H」の要素は何を表しているか、次の選択肢の中から正しいものを１つ選びなさい。

1. Who　When　Where　What　Why　How
2. Who　Whom　When　Where　Why　How
3. Who　Weather　Where　Want　Why　How
4. Who　When　Where　Which　Why　How

【問3】 3・4級

リモートワークを実施するツールの説明として、正しいものはどれですか。次の中から1つ選びなさい。

1. チャットのメンションを使うと、個人名は指定できるが、チーム名は指定できない。
2. リモートワークとは、Web会議を実施することであり、チャットは含まれない。
3. チャットを使うと、文字でのやり取りだけではなく、ファイルもやり取りでき、共有できる。
4. プレゼンス機能を使うと、資料をメンバーと共同編集しながら作ることができる。

【問4】 3・4級

ビジネスでよく使う挨拶言葉です。適切な挨拶はどれですか。次の中から1つ選びなさい。

1. 朝出社したとき ⇒「おつかれさまです」
2. 外出するとき　⇒「お先に失礼します」
3. 帰社したとき　⇒「ただいま戻りました」
4. 退社するとき　⇒「ごきげんよう」

解答・解説

【問1】　1

1. 複数の指示が重なり、対処に迷ったときの適切な対応は、指示を出した上司に現状を伝え、どちらを優先すべきか相談することです。

2. 適切な対応です。

3. 適切な対応です。

4. 適切な対応です。

【問2】　1

1.「5W1H」は、「Who（だれが）」、「When（いつ）」、「Where（どこで）」、「What（何を）」、「Why（どうして）」、「How（どのように）」の6つの要素を表したものです。

2.「Whom」は入りません。

3.「Weather」と「Want」が間違いです。

4.「Which」も疑問代名詞ですが、「5W1H」には含めません。

　なお、「5W1H」に、「いくらで」という意味の「How much」や、「どのくらい」という意味の「How many」を加えたものを、「5W3H」といいます。

【問3】 3

リモートワークを実施するツールには、チャット・Web会議・ファイル共有・アプリ連携などの機能があります。これらのツールを活用することで、時間や場所に依存しない、バーチャルオフィスを実現できます。

1. チャットのメンションを使うと、個人名やチーム名、チャネル名などを指定できます。

2. リモートワークは、Web会議だけではなく、チャットやファイル共有などのツールも活用した業務形態です。

3. チャットは、文字だけではなく、ファイルのやりとりも可能です。

4. プレゼンス機能は、在席中なのか、取り込み中なのかなど、現在の状態を表示できる機能です。「資料をメンバーと共同編集しながら作ることができる」は、ファイル共有機能の説明です。

【問4】 3

1. 朝出社したときは、「おはようございます」と言います。

2. 外出するときは、「行ってまいります」と言います。

3. 帰社するときは、「ただいま戻りました」と言います。

4. 退社したときは、「お先に失礼します」と言います。なお、「ごきげんよう」は、出会ったときや別れの際に、相手の健康状態を伺う意味を込めて交わされる挨拶言葉です。元は京都の宮中で発生した御所言葉です。女官が両陛下に会う際は、まず両陛下のご機嫌伺いから始まります。そのとき、「おそろいあそばされましてご機嫌よう」という挨拶が行われました。近代以降は、主に山の手言葉として使われるようになりました。

訪問

重要度 ★★★

会社や個人宅を訪問するときは、「会社の代表」という自覚を持ち、信頼を得られる振舞いをしましょう。

1 アポイント

挨拶や商談などで訪問するときは、相手にアポイントを取ります。

電話やメールなどにかかわらず、アポイントを取る際のポイントを確認しておきましょう。

アポイントを取る際のポイント

- 用件、所要時間、訪問者（人数）を伝える
- 基本は相手の都合の良い日を挙げてもらい、日時を決める
  〈例〉「来週で１時間ほどご都合のよい日をいくつか教えていただけませんでしょうか」
- こちらの候補日や都合は、丁重に伝える
  〈例〉「こちらの都合で申し訳ございませんが、〇日の午前中はご都合いかがでしょうか」

ここに注意

訪問するときに上司や部下など同行者がいるときは、あらかじめその人の予定を確認してから、アポイントを入れましょう。

ワンポイントアドバイス

アポイントを取る相手のメールアドレスがわかっている場合は、メールを併用するとよいでしょう。

2 受付

受付担当者がいる場合

❶身だしなみを整え、5分前くらいに受付に申し出る

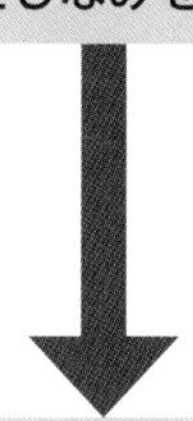

「○○会社の田中と申します。いつもお世話になっております。□□部の△△様に10時にお約束を頂いております」

❷受付者の案内に従って対応する（来訪者シートへの記入、入館証を着ける、案内された場所で待機するなど）

❸担当者が迎えに来たら、自らも歩み寄り、挨拶する

「○○会社の田中と申します。本日はお時間を頂き、ありがとうございます」

❹案内者や担当者の案内に従って応接室や会議室に行く

ワンポイントアドバイス

冬場に、コートなどの防寒具を着用している場合は、受付に行く前に防寒具を脱ぎます。日本では、外の埃が付いた防寒具を着用したままでの会社訪問は失礼に当たります。

受付担当者がいない場合

1 直接部署をたずねる場合

入口付近の人に挨拶し、「会社名、氏名」を告げ、担当者に取り次ぎを頼みます。

2 受付に内線電話がある場合

約束の時間の5分前くらいに担当部署に電話をかけ、到着を告げます。

雨の日の訪問

- 玄関前で濡れたコートを脱ぎ、社内に水滴を持ち込まないよう気をつける
- 濡れたバッグや靴は水滴を払う
- 濡れた傘は水滴を払い、開かないように留める

3 応接室・会議室

入室から着席までの基本の流れ

❶中に入るよう案内を受けたら、「失礼いたします」と会釈をして入室する

❷すすめられた席に座り、担当者を待つ

❸担当者が来たら、すぐに立ち上がって挨拶（名刺交換）をする

❹担当者に着席を促してもらったら、「失礼いたします」と言って座る

ワンポイントアドバイス

席を指定されなかったときは、出入り口近くに立って待ちますが、何度か訪問して交流がある会社の場合、上座側の席の下座に座っても構いません。

室内で待機するときの注意点

- ビジネスバッグは、足もとか椅子の背もたれ側に置く（テーブルの上に置かない）
- 室内にあるものは触らない
- 初対面の場合は、すぐに名刺交換ができるよう準備しておく

飲み物の頂き方

- 担当者から「どうぞ」とすすめられてから、「いただきます」と言って飲む
- 辞去するまでに、飲み切るようにする
- お菓子が出た場合には、残さずに食べきるようにする

1 お茶の場合

- ふたがある場合は、片手を茶碗に添え、もう一方の手でふたのつまみを持って、ふたを取る
- ふたは片側に裏返しにして置く
- 利き手で茶碗を持ち、もう一方の手を添えて頂く
- 音を立てずに飲む
- 飲み終わったら、ふたを元通りに戻す

2 コーヒーの場合

- 持ち手を持って飲む
- スプーンは使っても使わなくても、カップの向こう側に置く
- 使用したミルクの容器や砂糖の袋は、飲み終わったら、ソーサーの上に置く

ワンポイントアドバイス

「どうぞ」とすすめられなかったときは、相手が飲み始めた後に、口をつけるとよいでしょう。

手土産の渡し方

- 紹介、名刺交換が終わってから渡す
- 紹介、名刺交換のときは、椅子の上に置く
- 袋から出して渡す
- 面会内容によっては、上司から渡してもらう

ワンポイントアドバイス

手土産は、立場が一番下の方に「皆様で召し上がってください」などと言って渡します。目上の方に手数をかけるのは失礼です。

4 名刺交換

基本ルール

- 名刺交換は、立って行う
- 訪問した側、目下の人から名刺を差し出す
- 相手の名刺は胸の高さで扱う

ここに注意

上記の「基本ルール」のほかにも、以下の名刺を扱う上での注意点を併せて覚えておきましょう。

- 名刺入れに、自分の名刺を10枚以上入れておく
- 名刺入れに、自分の名刺と頂いた名刺は分けて入れる
- 頂いた名刺を、いつまでも名刺入れに入れておかない

名刺交換（1対1の同時交換）の手順

❶名刺交換の準備をして待つ

❷面会者が入室してきたら、自らも進み出て、相手の正面に立つ

❸訪問者である自分から名乗り、名刺を相手の名刺入れの上に置く

「はじめまして（会釈）。私、○○会社の田中と申します」

❹相手の名刺を自分の名刺入れの上で受け取る

「頂戴いたします。○○様、どうぞよろしくお願いいたします」

❺着席をすすめられたら座り、テーブルに名刺を置く

相手から頂いた名刺は、相手の分身として大切に扱います。文字やロゴマークなどに指がかからないようにしましょう。

こんなときどうする?

1 名刺を忘れたとき・切らしたとき

「ただいま名刺を切らしており、大変申し訳ございません」とお詫びします。また状況によっては、すみやかに一筆添えて、名刺を郵送します。

2 上司と同行しているとき

上司が先に名刺交換をし、次に自分が交換します。

3 相手の名前が読めないとき

「失礼ですが、どのようにお読みするのでしょうか」と相手にたずねて構いません。

4 相手が名刺入れを持っていないとき

相手の手のひらに、名刺を置いて渡します。

頂いた名刺の扱い方

- 着席したら、テーブルの上座側に名刺を置く
- 相手が複数人のときは、座席順に合わせて、名刺を並べて置く

相手が一人のとき

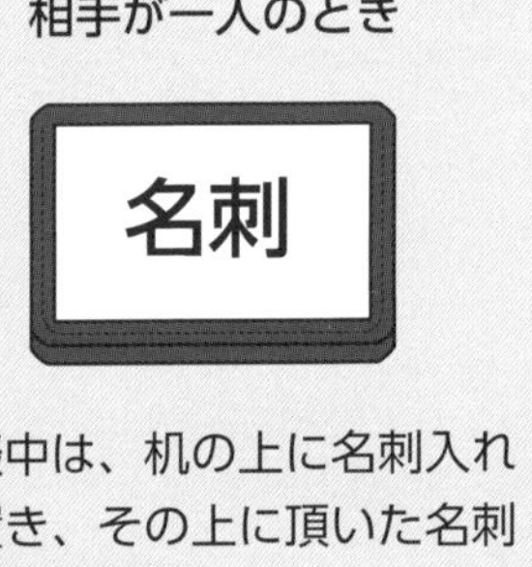

商談中は、机の上に名刺入れを置き、その上に頂いた名刺を置いておく

相手が複数人のとき

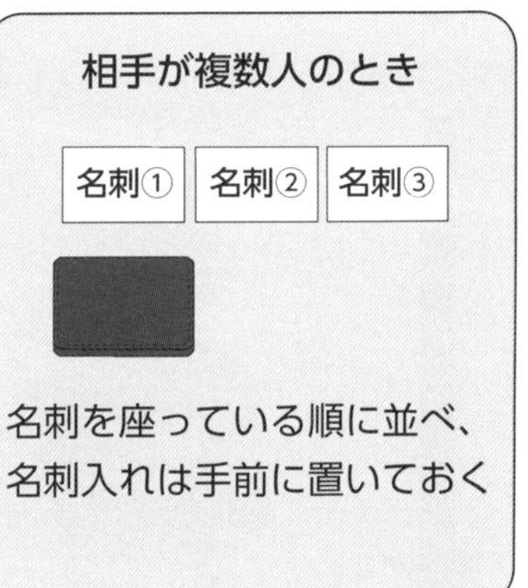

名刺を座っている順に並べ、名刺入れは手前に置いておく

- 書類などでテーブルに名刺を置くスペースがない場合、名刺を名刺入れに入れても問題ない
- 頂いた名刺に、相手の目の前でメモをしない

オンライン名刺交換

Web会議やテレワークが普及したことで、初めて会う人とオンライン名刺交換（専用ツール・二次元バーコード・URL送信）をする場合もあります。交換する情報は、紙の名刺と同様ですが、オンラインだからこそ多くの情報をやりとりしたり、名刺の管理がしやすかったりなどの利点があります。

オンライン名刺交換の注意点

- オンライン名刺交換は、オンラインの商談や会議の前に交換を済ませる（連絡先を知っていれば、あらかじめ二次元バーコードやURLを送る）
- 読み取る情報の有効期限を伝える（セキュリティの観点から有効期限が設定されている場合が多い）

5 他人紹介

ビジネスでは自己紹介のほかに、仲立をして、上司や部下を相手に紹介する場面があります。

基本ルール

身内や自社の者を先に紹介し、立てたい人を後に紹介します。

紹介する人	立てたい人	先に紹介する人
社内の人と社外の人	社外の人	社内の人
自分の部署の部長と他部署の部長	他部署の部長	自分の部署の部長
上司と自分の家族	上司	自分の家族
先輩と後輩	先輩	後輩

紹介の手順

❶お客様に、先に自社の者（上司）を紹介する

「ご紹介いたします。こちらが私どもの部長の山本でございます」

❷次に、自社の者（上司）にお客様を紹介する

「こちら様が○○会社社長の中村様でいらっしゃいます」

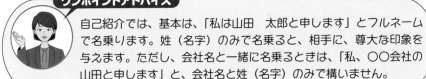

ワンポイントアドバイス

自己紹介では、基本は、「私は山田　太郎と申します」とフルネームで名乗ります。姓（名字）のみで名乗ると、相手に、尊大な印象を与えます。ただし、会社名と一緒に名乗るときは、「私、○○会社の山田と申します」と、会社名と姓（名字）のみで構いません。

6 辞去

❶約束の時間になったら、訪問した側から話を切り上げる

❷忘れ物がないか確かめて、立ち上がって挨拶をする

「本日はお時間を頂戴しまして、ありがとうございました」
「今後ともどうぞよろしくお願いいたします」

❸玄関やエレベーターで、もう一度挨拶する

「失礼いたします」

❹帰社後など、改めて、訪問のお礼をメールで送ることもある

ワンポイントアドバイス

冬場、コートなどの防寒具は、ビルや玄関を出てから着用します。ただし、相手から防寒具の着用をすすめられたら、一度はお礼を述べつつ着用はしませんが、再度すすめられた場合は、ありがたく好意を受けるとよいでしょう。

7 個人宅への訪問

ビジネスでの訪問とはいえ、個人宅はその方やご家族のプライベート空間です。訪問の基本のマナーは変わりませんが、個人宅だからこそ気をつけておきたいことがあります。

ポイント

- 約束の時間は相手の都合を優先し、早朝、食事時、夕方などは避ける
- 約束の時間前に近くまで行くが、時間ちょうどか、やや遅れて訪問する
- 約束の終わりの時間を守る

ここに注意

和室に通されても良いように、身だしなみに配慮しましょう。ミニスカートやタイトなパンツは、和室で座るときには不適当なので、着用を控えます。また、靴の中敷きや靴下にも不備がないか注意を払います。

玄関口での振舞い

- 冬場、防寒具は玄関に入る前に脱いでおく
- 先方に背中やお尻を見せないように意識して靴を脱ぐ
- 自分の靴をそろえ、端に寄せる
- スリッパはすすめられたら使う

和室での振舞い

- 襖の敷居や畳のヘリを踏まない
- すすめられた席（座布団の場所）に座る
- 座布団に座るときは踏みつけず、座布団の下座側または後方から膝をおし付けるようにして、にじり上がる
- 挨拶をするときは、座布団から降りる

こんなときどうする?

1 和室で名刺交換をするとき

座布団から降りて座ったまま挨拶し、名刺交換をします。

2 手土産を渡すとき

挨拶の後、袋から出し、相手に正面を向けて差し出します。

3 お菓子を食べきれないとき

基本は食べきるようにしますが、食べきれなかった場合は、「持ち帰ってよろしいですか」と断りを入れて、持ち帰ります。このとき、懐紙を持参しておくと、包む際に重宝します。

辞去

- 玄関口で靴を履くとき、先方に背中やお尻を見せないように意識して履く
- 靴べらは、差し出してもらった場合は使ってよい
- 見送りの申し出があったら、「こちらで結構です」と謝辞を述べる
- 外まで見送られたら、一度は必ず振り返る

問題演習

【問1】 **3・4級**

営業活動でコンタクトした企業に、初めて訪問するときの心得として、適切なものはどれですか。次の中から１つ選びなさい。

1. 受付で15分前に取り次ぎを頼んだ。
2. 取り次ぎを頼んでから担当者が来るまでにコートを脱いだ。
3. 応接室に案内されたので、入り口の近くで立って待った。
4. 担当者が入ってきたので、手土産を渡してから名刺交換をした。

【問2】 **3・4級**

訪問先でお茶が出ました。そのときの行動で不適切なものが１つあります。どれですか。次の中から選びなさい。

1. 担当者が来る前に自分の分だけお茶が出たので、担当者が来る前に口をつけた。
2. 席に座ったらすぐに自分と担当者にお茶が出たので、すぐに口をつけた。
3. 課長と一緒に訪問したときは、課長が飲むまで飲まないようにした。
4. 出されたお茶は残さずに全部飲んだ。

【問3】 **3・4級**

ビジネスシーンにおいての名刺交換は、単なる連絡先の交換ではなく、相手と良好な関係を築くというコミュニケーション手段としての側面もあります。名刺交換を行う際の行動として不適切なものはどれですか。次の中から１つ選びなさい。

1. 名刺に記載されている名前の読み方がわからなかったので、相手に直接たずねた。
2. 名刺を渡すときに、相手の目を見ながら差し出した。
3. クールビズなど上着を着用しない時期は、ズボンのポケットに名刺入れを入れた。
4. 相手の名刺は胸の高さで受け取った。

【問4】 **3・4級**

新規の取引先へ上司と訪問することになり、手土産を用意しました。

面談には取引先の課長が参加します。訪問先で手土産を渡す一連の流れの中で、不適切なものはどれですか。次の中から１つ選びなさい。

1. 手土産は相手に渡すまで応接室の椅子の上に置いた。
2. 手土産は名刺交換が終わったタイミングで渡した。
3. 手土産は自分が取引先の課長に渡した。
4. 手土産は紙袋から出して包装の状態で渡した。

【問5】 2級

あなたは、得意先の吉田常務に上司の中村部長を紹介するために、一緒に先方に出向きました。あなたが仲立ちをして、互いを紹介します。最初に紹介する際、適切なものはどれですか。次の選択肢の中から1つ選びなさい。

1. (吉田常務に向かって) 「こちらが上司の中村です」
2. (吉田常務に向かって) 「こちらが私どもの中村部長です」
3. (中村部長に向かって) 「こちら様が吉田常務です」
4. (中村部長に向かって) 「こちら様が常務の吉田様です」

【問6】 2級

ビジネスで、アポイントを取っている個人のお宅に初めて訪問しました。次の選択肢のうち、訪問のマナーとして不適切な行為はどれですか。1つ選びなさい。

1. 約束の時刻を1分くらい過ぎて、呼び鈴 (インターホン) を鳴らした。
2. 玄関で、靴を脱いで上がり、相手に背を向けないようにしゃがんで、靴をそろえた。
3. 通された和室で、座布団に座って相手を待った。
4. 用件が終わり「もう一杯お茶を」と言われたが、丁重に断って失礼した。

解答・解説

【問1】 3

1. 約束の時間の少し前（5分前など）になってから、受付に取り次ぎを申し出ます。

2. コートには、外の埃が付いているので、受付に行く前に脱いでおきます。

3. 初めて訪問するときは、応接室に案内されたら、担当者が来るまで名刺を用意して、入り口の近くに立って待っています。そうすることで、好感をもってもらいやすいです。

4. 手土産を渡すのは、名刺交換（挨拶）の後です。

【問2】 2

お茶を出されたときは、担当者が「どうぞ」とすすめてから飲みます。

したがって、すすめられる前に口をつけることになるので、**2.** は不適切な行動です。

また、**1.** のように担当者が来る前に自分の分だけ出されたときには、口をつけても構いません。

【問3】 3

1. 初対面の相手に質問することをためらう人もいますが、名刺交換の場面で、名前の読み方をたずねても問題ありません。会話の中で、相手を名前で呼ぶと、相手に親近感を持ってもらいやすいです。
2. 名刺交換の場面では初対面の相手との距離が近くなるため、相手の顔を見ずに、名刺だけを見ながら差し出す人は多くいます。しかし、名刺交換は、自分を知ってもらう絶好の機会です。相手とアイコンタクトを取りながら、笑顔で名刺交換をするのが理想です。
3. 相手に差し上げる名刺を、腰より下で出し入れするのは失礼です。
4. 名刺交換では、相手の分身である名刺を胸の高さで受け取ることで、相手への敬意を伝えます。

【問4】 3

1. 適切です。
2. 適切です。
3. 不適切です。手土産は、会社を代表して渡すものです。したがって、相手への敬意を込めて、上位者である上司から取引先へ渡します。
4. 適切です。紙袋は、持ち運ぶ際に手土産を汚さないために用います。相手に渡すときは、紙袋から品物を出すのが、正式な渡し方です

【問5】 1

紹介の基本ルールは、身内や自社の者を先に紹介し、立てたい人を後に紹介します。設問の場合、まずはお客様（吉田常務）に上司（中村部長）を紹介します。

1. 正しい紹介の仕方です。言い方は、「こちらが私の上司、部長の中村でございます」とすると、さらに丁寧です。

2. 役職の「部長」は敬称です。設問のような場合に、自社の者を言うときは、敬称はつけません。したがって、言葉遣いが不適切です。

3. 先に、上司である中村部長に得意先の吉田常務を紹介しています。したがって、不適切です。

4. 先に、上司である中村部長に得意先の吉田常務を紹介しています。したがって、不適切です。

【問6】 3

1. ビジネスでの会社訪問の場合、約束の５分前に訪問するのが礼儀です。しかし、個人宅を訪問する場合は、約束の時刻を少し過ぎてから訪問します。そのほうが、訪問先に、来客を迎える準備などで慌ただしい思いをさせず、配慮があるとされています。

2. 個人宅の中に上がるときは、迎えてくれる相手に背を向けないようにして靴を脱ぎ、框（かまち）に上がって向き直り、靴のつま先を入り口に向けてそろえます。相手の心遣いで、「靴はそのままにしてお上がりください」と言われたら、「恐れ入ります」と言って好意に甘えても問題ありません。

3. 座布団は、すすめられてから座ります。部屋にあらかじめ敷かれて準備してあっても、訪問先の方からすすめてもらうまでは座らずに、座布団の傍で待機します。また、座布団に座るときは、座布団を足の裏で踏みつけず、膝をおし付けるようにして、にじり上がります。

4. ビジネスでは、用件が終わったら失礼するのが礼儀です。「長居いたしました。これで失礼いたします」などと丁重に断って、帰ります。

コラム ビジネスに雑談は必要か？

雑談をするのがよいのか、しないほうがよいのかには、賛否両論あるようです。ビジネスの商談では、「まずは、場を温める雑談から入る」という考え方と、「せっかくいただいた時間なのだから、すぐに本題に入る」という考え方があります。皆さんはどちらがよいと思いますか。

もし正解があるとすれば、「相手次第」ではないでしょうか。相手が忙しそうだったり、表情が厳しそうに感じるなら、「本日はお時間を頂戴しありがとうございます。早速ではございますが……」と、早めに本題に入るのがよいでしょう。しかし、特に初めて面会したときには、場を和ませる会話は双方にとって心地がよいものです。だからこそ、雑談ができるように心の準備だけはしておきたいものです。

雑談の一番適した話題は、「天気や気候の話」（「暑いですね」「寒くなりましたね」など）です。続いて、「会社訪問して感じ入ったこと」や、「だれが聞いても好ましい、広く話題になっている話」です。たとえば、「受付の方が親切で感動しました」「こちらの景色は素晴らしいですね」「○○選手が金メダルを取りましたね」などです。親しくなれば、「趣味」や「健康」を話題にすることで、互いに親交を深めることもできます。一方、避けたほうがよいのは、「思想・信条」などのプライバシーに踏み込む話題です。

ビジネスでの雑談は、長話をするものではありません。名刺交換を終えて席に座る間、資料を手元に出す間に行い、長さは30秒程度です。

雑談は話の内容が大事なのではなく、相手を慮ったあなたの印象を表現する時間です。笑顔で相手の目を見ながら、ほんの少しの雑談をすればよいのです。

04 来客応対

重要度 ★★★

お客様を出迎えた人の印象は、企業イメージに直結します。おもてなしの心で、感じのよい応対を目指しましょう。

1 受付応対

基本の流れ

❶お客様が受付に到着したら、素早く立ち上がり、挨拶をする

「いらっしゃいませ」

↓

❷アポイントの有無、会社名、名前を確認する

「失礼ですが、どちら様でいらっしゃいますか」

↓

❸会社名と名前を復唱し、担当者へ連絡する

「○○様、お待ちしておりました」

↓

❹お客様を案内する

「応接室にご案内いたします」
＜担当者が来る場合＞
「担当が参りますので、こちらにおかけになってお待ちください」

こんなときどうする?

1 約束なしで訪ねてきた

約束（アポイント）なしで訪ねてきたお客様には、会社名、名前、用件を確認してから、担当者に連絡して、指示を仰ぎます。

2 社員の友人を名乗る人が訪ねてきた

「友人」という言葉を鵜呑みにせず、通常の受付応対の流れに沿って、アポイントの有無、お客様の名前、用件を確認してから、名指し人に連絡します。

コラム「受付」のマナー ▶▶▶

最近は、受付窓口がなく、電話が置いてあるだけの会社が増えました。それでも、お客様が会社を訪ねてきたら、社員がご案内するという行為はなくならないのではないでしょうか。

「受付」というと、会社の入り口にある「総合受付」をイメージする人が多いと思いますが、各部署にお見えになった方をご案内することも「受付」と考えましょう。

あなたが他社を訪ねたとき、「総合受付」で5階と言われて、エレベーターで上がり、ドアを開けて中に入ったら、全員が仕事に集中していて、取り付く島もない……そんな経験はありませんか？

来客に気が付いたら、まずは「いらっしゃいませ」と笑顔で声をかけましょう。会社を代表し、歓迎の気持ちで応対することが大切です。

2 案内

事前準備

約束のあるお客様をお迎えするときは、案内する部屋を決め、部屋の冷暖房や照明の準備をしておきます。

廊下の案内

- お客様には、廊下の真ん中を歩いてもらう
- 案内する社員は、お客様の斜め２～３歩前を歩き、肩を少しお客様のほうに引く
- 歩調は、お客様に合わせる

階段の案内

- お客様には手すり側を歩いてもらう
- 上りの階段では、お客様が先を歩くのが基本だが、案内人が「お先に失礼します」と声をかけて先を歩く場合もある
- 下りの階段では、常に案内人が先を歩く

上り

下り

エレベーターでの案内

1 乗るとき

- エレベーター外の「開」ボタンを押し、安全に配慮して、お客様を先にエレベーターの中に案内する
- ほかの人がすでに乗っている場合も、お客様が先、案内人は後からエレベーターに乗り込む
- 「失礼いたします」と伝えてから案内人が先に乗り、エレベーター内の「開」ボタンを押してお客様を招き入れる場合もある

2 降りるとき

- 先にお客様に降りてもらう

ワンポイントアドバイス

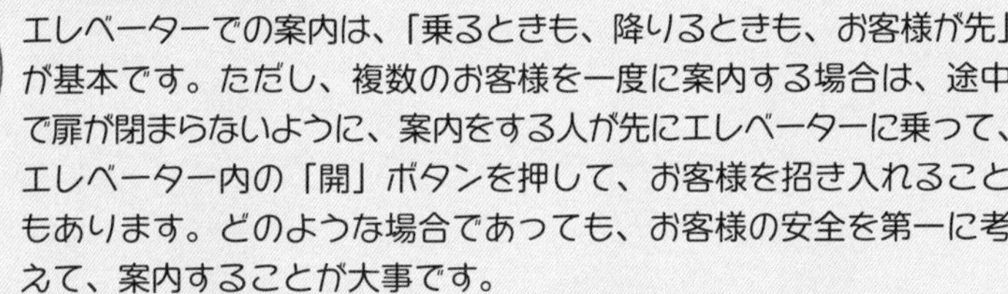

エレベーターでの案内は、「乗るときも、降りるときも、お客様が先」が基本です。ただし、複数のお客様を一度に案内する場合は、途中で扉が閉まらないように、案内をする人が先にエレベーターに乗って、エレベーター内の「開」ボタンを押して、お客様を招き入れることもあります。どのような場合であっても、お客様の安全を第一に考えて、案内することが大事です。

ドアの開閉

- 外開きのときは、お客様に先に入ってもらう
- 内開きのときは、案内人が先に入る。ドアを押さえて、「どうぞ」と部屋の中からお客様に入室を促す

ワンポイントアドバイス

ドアの開閉は、ドアノブを使って行いましょう。

席の案内

- お客様には上座の席をすすめる

「どうぞ、こちらにおかけになってお待ちください」

- 担当者がすでに入室している場合は、担当者が席をすすめる
- 退室の際はドアの前で一礼し、静かにドアを閉める

3 お茶出し

お茶の出し方

❶お盆は胸の高さで持ち、応接室に運ぶ
布きんを用意する

※息がかからないように注意する

❷ドアを丁寧にノックする
返事があったら「失礼します」と声をかけてから、ゆっくりドアを開ける
ドアを閉めてから会釈する
(中から返事がない場合は、少し間をおいて、ドアを開ける)

❸お盆をサイドテーブルかテーブルの下座側の端に置く

❹お盆の上で、茶碗を茶たくにセットする

※人数が少ない場合は最初から茶碗を茶たくにセットする

❺会釈し、お茶は上座のお客様から先に、両手で出す

❻一歩下がって会釈する。同様に次の人に出す

❼全員に出し終わったら、お盆の表が外を向くようにして脇に抱え、ドアへ向かう

❽ドアの前で一礼してから退室する

ワンポイントアドバイス

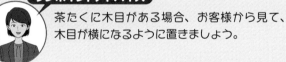

茶たくに木目がある場合、お客様から見て、木目が横になるように置きましょう。

こんなときどうする?

1 コーヒーを出す

持ち手を右側にして出します。

スプーンはカップの手前に置きます。

食器とスプーンでカチャカチャと音を立てないように運びましょう。

2 紙コップで出す

継ぎ目がお客様の正面にならないよう注意します。

3 ペットボトルのままお茶を出す

ペットボトルのお茶を出すとき、気を利かせたつもりでふたを開けて出すのはタブーです。封を切っていない新しいペットボトルを出したことがわかるように、ふたは開けないで、正面を向けて出します。

また、ペットボトルに直接口をつけて飲むのを気にする方もいるので、紙コップまたはストローを添えて出します。ふたを開けるのに苦労する方のために、ペットボトルオープナーを用意するのもいいでしょう。

4 退室

- お客様より先に、席を立たない
- ドアが内開きの場合は、担当者がドアを開け、お客様、上司、担当者の順に部屋を出る
- ドアが外開きの場合は、担当者がドアを開けて先に出てから、お客様、上司の順に出てもらう

5 見送り

「お迎え３歩、見送り７歩」は接遇の基本です。出迎えよりも丁寧に見送り、礼を尽くします。

- 相手に身体を向け、アイコンタクトを取って挨拶をする
- どこまで見送るかは相手との関係性で判断するが、エレベーター前まで見送るのが一般的
- 重要なお客様の場合は、玄関先まで見送る

エレベーター

挨拶をしてから、エレベーターのドアが閉まるまでお辞儀をする

玄関

挨拶をしてから、お客様が見えなくなるまで見送る

車

1 車のドアを開け、車の中へ誘導する
2 挨拶をして、ドアを閉める
3 ドアを閉めたら、前方の運転手の座席あたりに立ち、
お客様の車が見えなくなるまでお見送りする

6 席次

席次とは、席の順序のことをいいます。お客様に不快な思いをさせないように、様々な席次のルールを覚えておきましょう。

上座・下座

- 上座……席の中で最も良い席。お客様や目上の人には、上座をすすめる
- 下座……主催者や目下の人が座る席。出入口に最も近いことが多い

応接室・会議室

1 椅子の格

応接室では、椅子の種類によって「格」が異なります。

- 第一席……ソファ
- 第二席……肘掛（アーム）のある一人掛けの椅子
- 第三席……肘掛（アーム）のない一人掛けの椅子

ここに注意

肘掛（アーム）も背もたれもない椅子（スツール）は、お客様用には使用しません。

2 オフィスの席次の基本

応接室

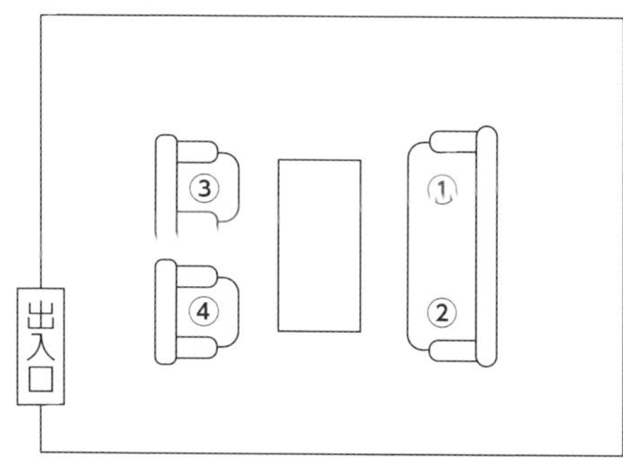

お客様がソファで、入口に遠いほうが上座

一人掛け椅子の奥のほうが、自社側の上座

事務机がある場合

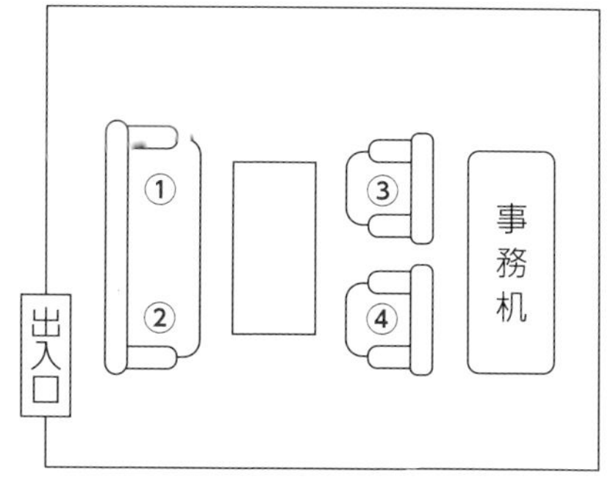

事務机側が下座になるので、事務机から離れているほうに、お客様が座る

会議室

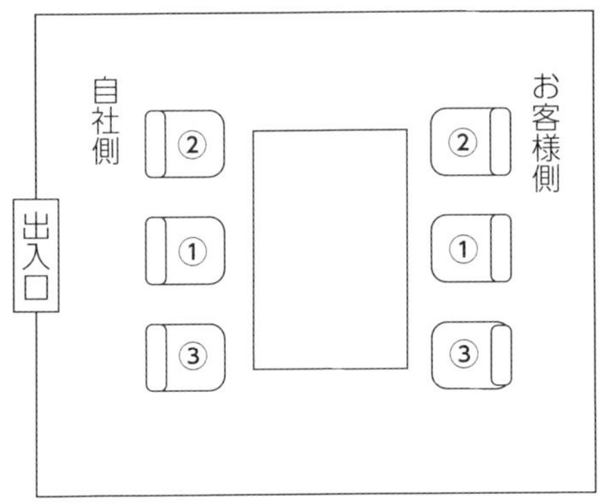

入口に遠いほうがお客様の席で、真ん中が上座

議長がいる「コ」の字型

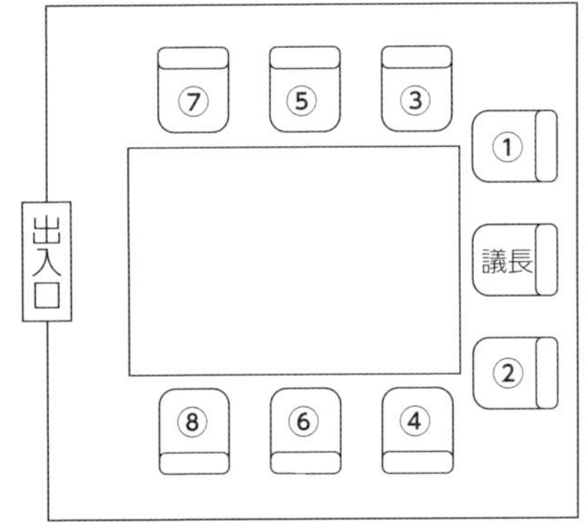

議長がいる場合は、議長に近いほうが上座

会議室（スクリーンがある場合）

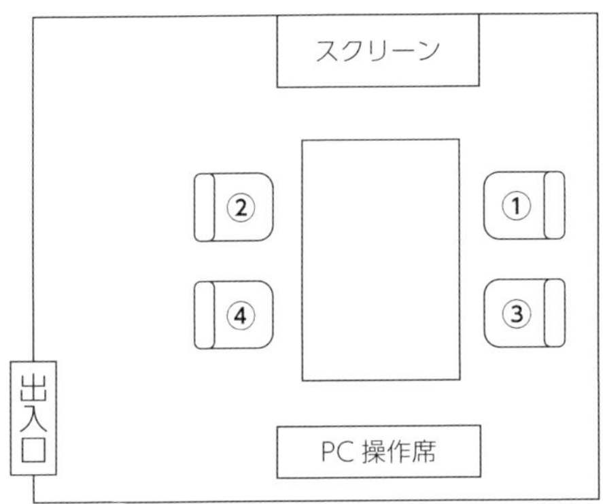

入口から遠く、スクリーンが見やすいほうが上座

乗り物の席次

タクシー

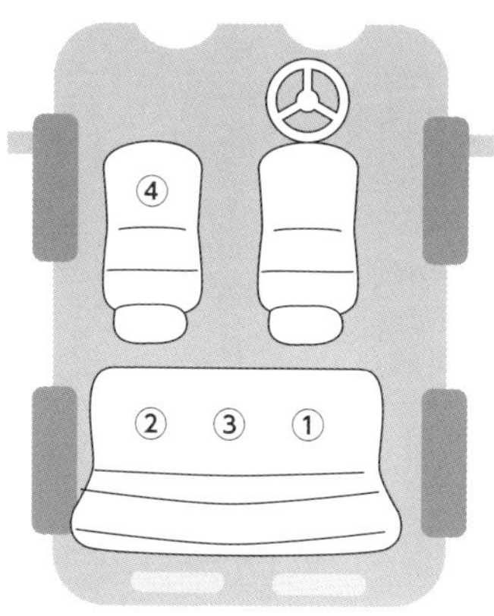

運転席の後ろが上座

自家用車

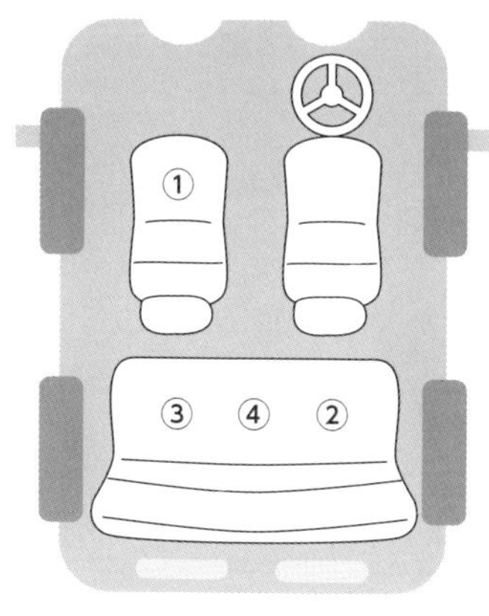

助手席が上座

電車

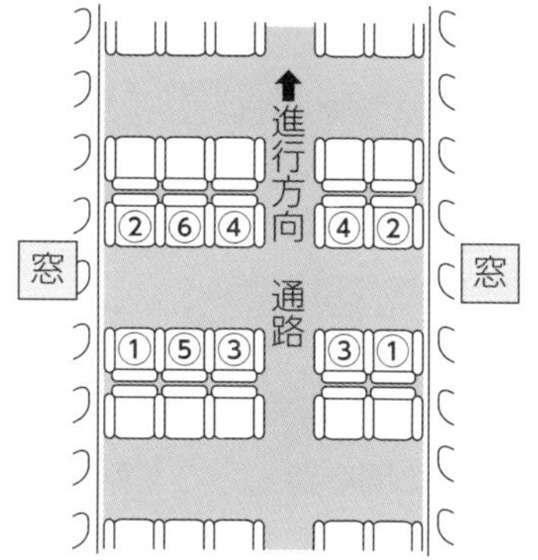

ボックス席の場合、進行方向を向く窓側の席が上座

飛行機

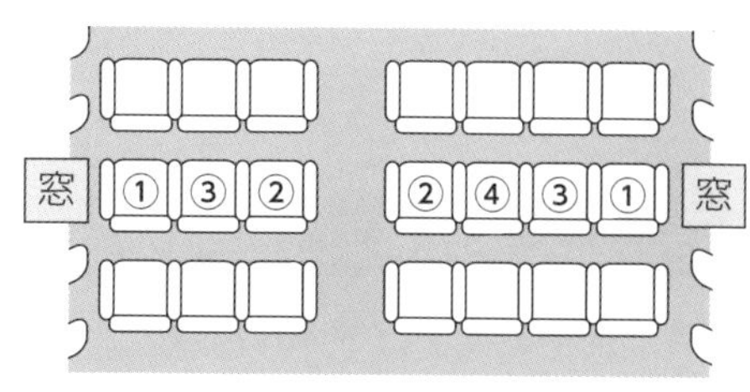

窓側が上座

食事の席次

料亭（和室）

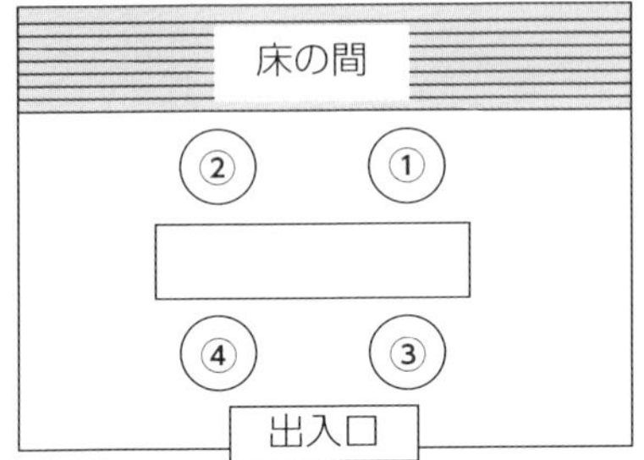

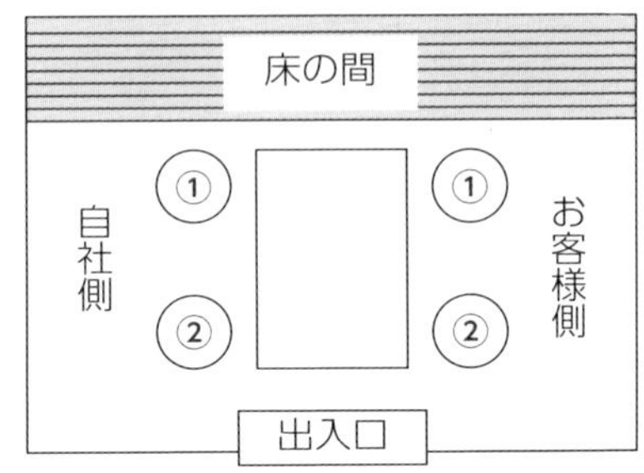

床の間に近い席が上座

レストラン（洋室）

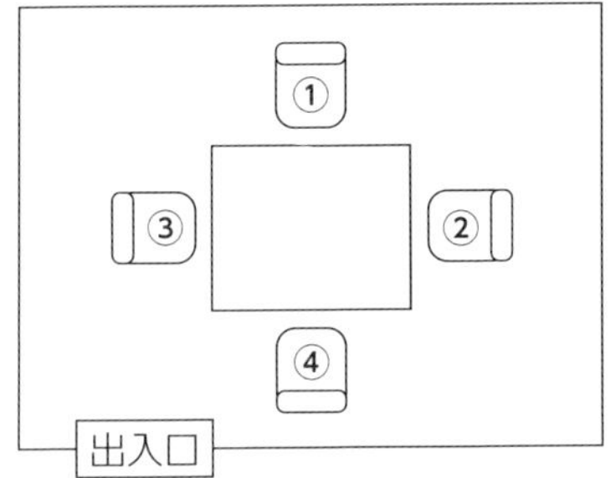

出入口から遠い席が上座

中国料理店

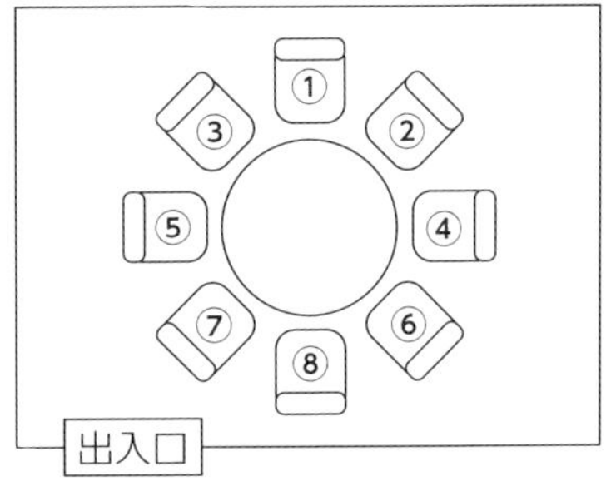

１卓は８人が正式
出入口から遠く、絵や飾り棚などが掛けてある前の席が上座

コラム 日本礼法は左上位、プロトコールは右上位

日本の礼法では上座から見て左側、プロトコール（国際儀礼）では右側が上座とされます。たとえば、和室の席次では、床の間を背にして左側が上座です。また、タクシーなど運転手つきの車では、プロトコールの右上位のルールが適用されるため、後部座席右側の席が上座です。明治時代に皇室が公式行事などでプロトコールを取り入れたことがきっかけとなり、現在の席次は左上位と右上位が混在している状況です。会食などで席次に自信がないときは、店のスタッフに相談するとよいでしょう。

問題演習

【問1】 3・4級

上司の友人という人が「約束はしていないが、用事があって来た」と会社に訪ねてきました。上司は出社しています。この状況において最も適切な対応はどれですか。次の中から1つ選びなさい。

1. 応接室に案内し、「どうぞ、こちらでお待ちください」と言った。
2. 名前を確認し、「ただ今、呼んでまいります」と言った。
3. 名前と用件をたずねて、「確認してまいります」と言った。
4. 「アポイントを取ってから再訪してください」と伝え、取り次がなかった。

【問2】 2級

ハイヤーでお帰りになるお客様をお見送りします。車の横に立ってお見送りする際、最も適切な立ち位置はどれですか。次の中から1つ選びなさい。

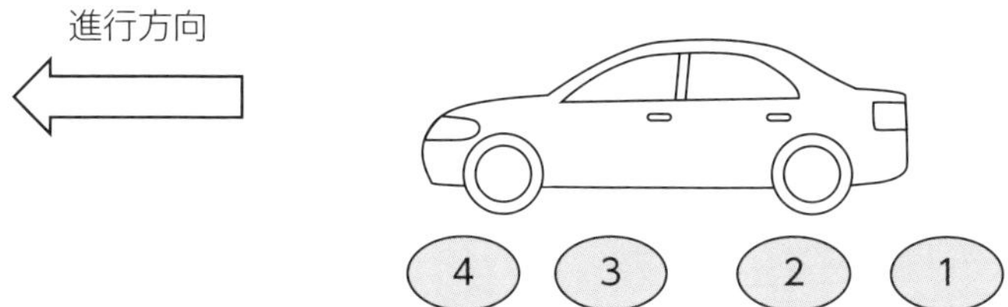

1. 車の後ろ
2. お客様が座っている後部座席と同じ位置
3. 前方の運転手の座席あたり
4. 車の一番前

【問3】 3・4級

お客様を応接室まで案内するときの、エレベーターの乗り降りに関する問題です。不適切なものはどれですか。次の中から1つ選びなさい。
※エレベーターには、ほかの人はだれも乗っていません。

1. 乗るとき　：お客様に「どうぞ」と言って、先にエレベーターに乗ってもらい、次に案内者が乗る。
2. 乗るとき　：お客様に「お先に失礼いたします」と言って、案内者が先に乗り、次にお客様に乗ってもらう。
3. 降りるとき：お客様に「どうぞ」と言って、先にエレベーターから出てもらい、次に案内者が出る。
4. 降りるとき：お客様に「お先に失礼いたします」と言って、案内者が先に出て、次にお客様に出てもらう。

【問4】 3・4級

肘掛椅子とソファがある応接室の席次のマナーです。次の中から適切なものを1つ選びなさい。

1. 入り口に一番近い肘掛椅子が上座です。
2. 入り口から遠い肘掛椅子が上座です。
3. 入り口から遠いソファが上座です。
4. 入り口に近いソファが上座です。

【問5】 3・4級

お客様にペットボトルを出すとき、適切な出し方はどれですか。次の中から１つ選びなさい。

1. あらかじめふたを開けて、ペットボトルの正面をお客様に向けた。
2. あらかじめふたを開けて、ペットボトルの背面をお客様に向けた。
3. ふたを閉じたまま、ペットボトルの正面をお客様に向けた。
4. ふたを閉じたまま、ペットボトルの背面をお客様に向けた。

解答・解説

【問1】 3

アポイントのない来客に対する正しい対応は、相手の名前と用件を確認し、上司の指示を仰ぐことです。したがって、正解は**3.** です。

1. や**2.** のように、面会できることを前提に上司を呼びに行ったり、応接室に案内するのは、適切な対応とは言えません。

また、面会はアポイントを取るのが基本ですが、上司の状況次第では、急であっても面会できる場合があります。**4.** のように自己判断するのではなく、まずは上司に確認することが大切です。

【問2】 3

1. 車の後ろは、お客様を見送る際の位置として、適切ではありません。

2. お客様が座っている後部座席と同じ位置に立ってお見送りする人は多いですが、車が発車すると、お客様は後ろを振り返ることになるので、避けます。

3. 運転手の座席あたりでお見送りすると、余韻を残しながらお別れできます。したがって、お見送りの際の適切な位置です。会社までお越しくださったお客様に、感謝の気持ちをもって、余韻のあるお見送りをします。

4. 車の一番前は、お客様が窓をあけて話すとき、距離が遠くなるので、避けます。

【問3】 4

お客様を案内してエレベーターの乗り降りをする場合、乗るときも降りるときも、基本はお客様が先です。しかし、エレベーターは、しばらくすると自動でドアが閉まります。そのため、案内者が先に乗って、「開」ボタンを押し、お客様を招き入れることは相手に配慮した対応です。したがって、**1. 2.** は適切な対応です。また、降りるときは、案内者がエレベーター内の「開」ボタンを押し、お客様が先に降ります。したがって、**3.** も適切な対応です。

4. の対応は誤りです。案内者が先にエレベーターから出てしまうと、その後ドアが自動で閉まり始め、お客様が挟まれてしまう危険があります。

【問4】 3

基本的には、入り口から遠いソファが上座です。

応接室では、椅子の位置や種類によって、「格」が異なります。

「席次」は、部屋の造りなどの条件によって変化する場合があるため、注意が必要です。

【問5】 3

最近は、ペットボトル飲料を出す機会が増えました。お客様にペットボトル飲料を出すときは、正面を向けます。また、新しいペットボトルだということがすぐにわかるように、ふたは開けずに出します。

お客様が、ペットボトルを開けるのに苦労する場合や、飲み口に直接口をつけるのに抵抗がある場合があります。よって、ふた開け（オープナー）や紙コップを添えてお出しするのも、問題ありません。

コラム なんでも「すみません」では心が届かないかも!?

「すみません」は、幅広く使える、便利な言葉です。しかし、便利だからといって、何でも「すみません」で済ませず、シーンに合った、ふさわしい言葉を使えるようになりましょう。以下に、「すみません」を言い換える例を挙げます。

①「すみませんが、明日またお電話いただけませんか」
　⇒「お手数ですが」「恐れ入りますが」
②「お返事が遅くなってしまい、すみませんでした」
　⇒「大変失礼いたしました」「申し訳ございませんでした」
③「すみません、お名前を教えていただけませんか」
　⇒「差し支えなければ」「よろしければ」「失礼ですが」
④「こんなに親切に対応していただいて、どうもすみません」
　⇒「ありがとうございました」「大変助かりました」
⑤「すみません、ハンカチを落とされましたよ」
　⇒「お客様」「恐れ入ります」

①は「要求」、②は「謝罪」、③は「お願い」、④は「感謝」、⑤は「呼びかけ」の意味で、「すみません」を使っています。シーンに応じて多彩な言葉を使えるほうがよいですね。

05 ビジネス文書

重要度 ★★★

ビジネスで書く文書は、相手に正確かつ簡潔に情報を伝えるものです。手紙、封筒、はがきの書き方の基本ルールを習得しましょう。

1 文書作成の基本

作成のポイント

- 原則、1文書・1通に1用件
- 「①件名（用件） ②結論 ③詳細」の順番で書く
- 誤字脱字がないように推敲する

2 手紙

手紙のルール

- 頭語と結語は、適切なペアで用いる
〈例〉拝啓と敬具、謹啓と謹白など
- 時候の挨拶は、実際の季節に合ったものを使う
- 相手を表す言葉には「尊称」を用い、自分や自社側を表す言葉には「謙称」を用いる

ワンポイントアドバイス

「尊称」とは、相手への尊敬を込めて呼ぶ表現（例：貴社、貴店、貴院）です。「謙称」とは、自分や自社側をへりくだって呼ぶ表現（例：弊社、小社、弊店）です。

時候の挨拶

時候の挨拶は、頭語に続く、季節を表す挨拶です。

漢語調と口語調があり、ビジネス文書では、漢語調を使うことが多くなっています。

1月	新春のみぎり	大寒の候	酷寒の候	7月	盛夏のみぎり	炎暑の候	極暑の候
	初春のみぎり	小寒の候	厳寒の候		猛暑のみぎり	大暑の候	酷暑の候
	仲冬のみぎり	厳冬の候	極寒の候		盛暑のみぎり	仲夏の候	厳暑の候
2月	晩冬のみぎり	向春の候	解氷の候	8月	晩夏のみぎり	季夏の候	暮夏の候
	残寒のみぎり	春寒の候	立春の候		残暑のみぎり	秋暑の候	残夏の候
	梅花のみぎり	暮冬の候	余寒の候		立秋のみぎり	処暑の候	早涼の候
3月	軽暖のみぎり	春分の候	弥生の候	9月	初秋のみぎり	秋涼の候	重陽の候
	浅春のみぎり	春雪の候	啓蟄の候		清涼のみぎり	新涼の候	良夜の候
	春陽のみぎり	仲春の候	早春の候		秋分のみぎり	初露の候	新秋の候
4月	陽春のみぎり	春粧の候	清明の候	10月	紅葉のみぎり	秋晴の候	秋冷の候
	春暖のみぎり	春和の候	穀雨の候		仲秋のみぎり	秋雨の候	爽秋の候
	桜花のみぎり	麗春の候	惜春の候		清秋のみぎり	寒露の候	錦秋の候
5月	若葉のみぎり	立夏の候	葉桜の候	11月	晩秋のみぎり	霜寒の候	深冷の候
	新緑のみぎり	青葉の候	初夏の候		暮秋のみぎり	向寒の候	初雪の候
	薫風のみぎり	緑風の候	軽暑の候		立冬のみぎり	季秋の候	深秋の候
6月	向夏のみぎり	夏至の候	入梅の候	12月	歳末のみぎり	冬至の候	寒気の候
	向暑のみぎり	短夜の候	麦秋の候		師走のみぎり	月迫の候	歳晩の候
	初夏のみぎり	梅雨の候	長雨の候		寒冷のみぎり	短日の候	初冬の候

ワンポイントアドバイス

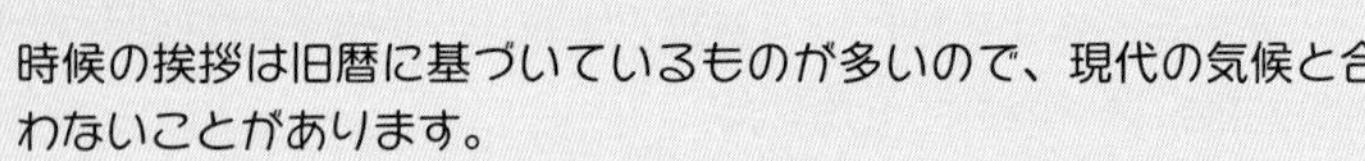

時候の挨拶は旧暦に基づいているものが多いので、現代の気候と合わないことがあります。

社外文書の基本スタイル

社外文書は、お客様に提出するものです。基本スタイルを守り、簡潔でわかりやすい文書を作成しましょう。

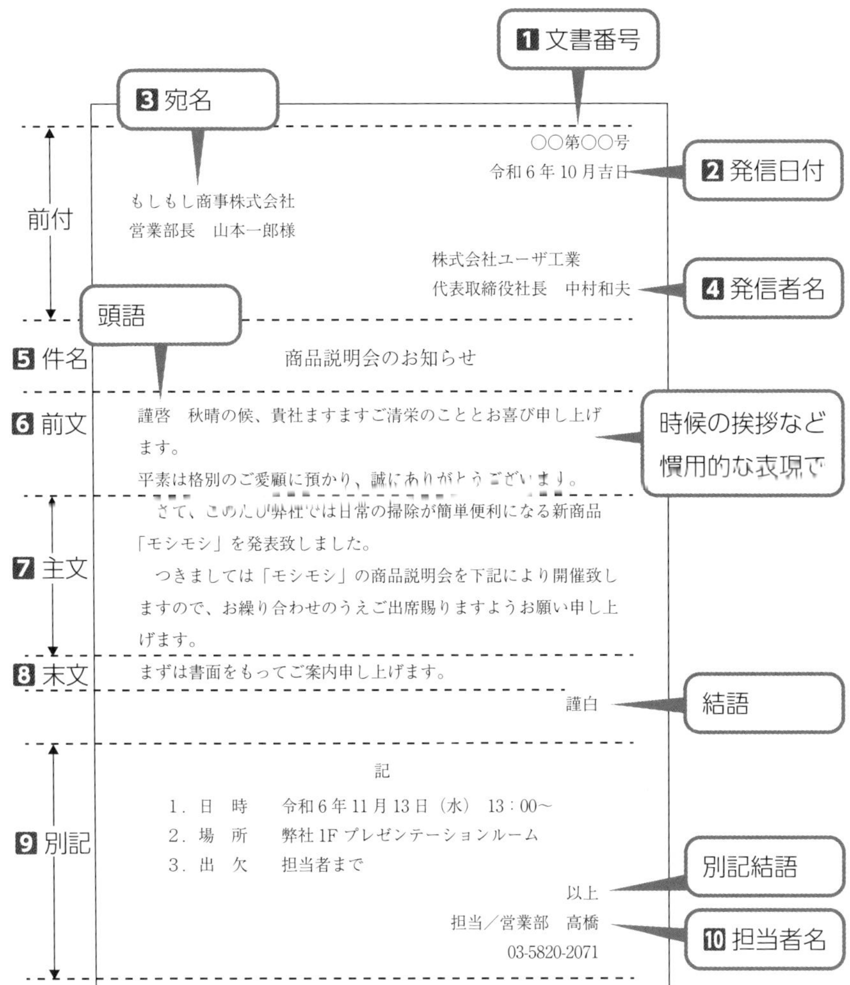

〇〇第〇〇号
令和6年10月吉日

もしもし商事株式会社
営業部長　山本一郎様

株式会社ユーザ工業
代表取締役社長　中村和夫

商品説明会のお知らせ

謹啓　秋晴の候、貴社ますますご清栄のこととお喜び申し上げます。
平素は格別のご愛顧に預かり、誠にありがとうございます。

さて、このたび弊社では日常の掃除が簡単便利になる新商品「モシモシ」を発表致しました。
つきましては「モシモシ」の商品説明会を下記により開催致しますので、お繰り合わせのうえご出席賜りますようお願い申し上げます。

まずは書面をもってご案内申し上げます。

謹白

記

1．日　時　令和6年11月13日（水）13：00～
2．場　所　弊社1Fプレゼンテーションルーム
3．出　欠　担当者まで

以上

担当／営業部　高橋
03-5820-2071

1 文書番号　ある場合は記載
2 発信日付　作成した日ではなく、発信した日
3 宛名　会社名、部課名、役職名、氏名の順。省略しない
4 発信者名　会社名、部課名、役職名、氏名の順。省略しない
5 件名　その文書の内容が一目で判断できるものにする
6 前文　頭語、時候の挨拶、繁栄を喜ぶ言葉や日頃の感謝の言葉
7 主文　結論を先に書く。簡潔、正確、明確に伝える
8 末文　締めくくりの言葉、結語
9 別記　主文のほかに補足がある場合や、日時・場所を伝えるときに使用する。中央に「記」と書き、その下に必要事項を箇条書きで書く。結語は「以上」
10 担当者名　担当者がいる場合は、部課名、名字、連絡先を明記

前文・末文の文例

前文・末文の慣用的な表現を知っておきましょう。

1 前文

繁栄を喜ぶ言葉
貴社ますますご繁栄のこととお喜び申し上げます。 時下ますますご清栄のこととお喜び申し上げます。
厚誼・指導への感謝の言葉
日頃は格別のお引き立てに預かり、厚くお礼申し上げます。 平素は格別のご愛顧を賜り、心から感謝申し上げます。

2 末文

引き続き厚誼を願う言葉
今後とも一層のご厚誼（ご高配）を賜りますようお願い申し上げます。 今後とも何卒変わらぬご愛顧（お力添え・お引き立て）をいただきたく、お願い申し上げます。
締めくくりの言葉
まずはお願いまで申し上げます。 まずは書中をもってご案内申し上げます。

社内文書の基本スタイル

社内文書は、企業ごとに様式が決まっているのが一般的です。社内向けのため、社外文書よりも省略できる部分があります。

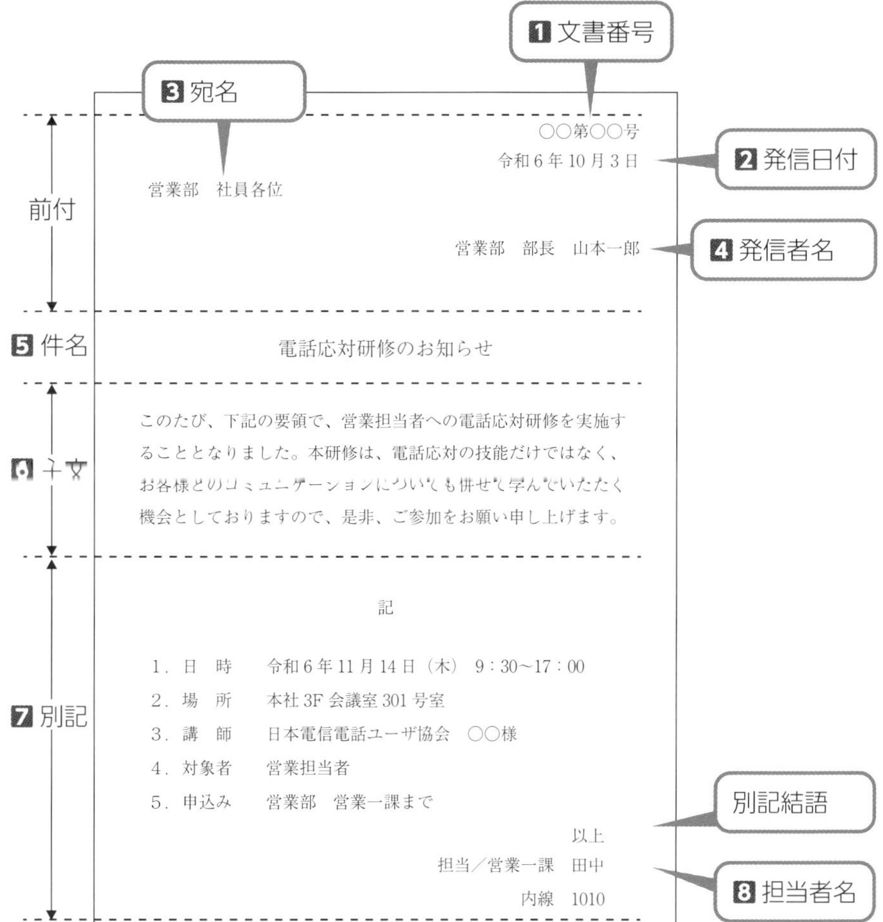

○○第○○号
令和6年10月3日

営業部　社員各位

営業部　部長　山本一郎

電話応対研修のお知らせ

このたび、下記の要領で、営業担当者への電話応対研修を実施することとなりました。本研修は、電話応対の技能だけではなく、お客様とのコミュニケーションについても併せて学んでいただく機会としておりますので、是非、ご参加をお願い申し上げます。

記

1. 日　時　　令和6年11月14日（木）　9：30〜17：00
2. 場　所　　本社3F会議室301号室
3. 講　師　　日本電信電話ユーザ協会　○○様
4. 対象者　　営業担当者
5. 申込み　　営業部　営業一課まで

以上

担当／営業一課　田中
内線　1010

1 文書番号　ある場合は記載

2 発信日付　作成した日ではなく、発信した日

3 宛名　部課名、役職名、氏名の順。多数に向けて同時に出す場合は「社員各位」「管理職各位」などと書く

4 発信者名　部課名、役職名、氏名の順。社名は不要

5 件名　その文書の内容が一目で判断できるものにする

6 主文　結論を先に書く。簡潔、正確、明確に伝える

7 別記　主文のほかに補足がある場合や、日時・場所を伝えるときに使用する。中央に「記」と書き、その下に必要事項を箇条書きで書く。結語は「以上」

8 担当者名　担当者がいる場合は、部課名、名字、連絡先を明記

社外文書との違い

- 前文、末文は不要
- 頭語、結語、時候の挨拶は不要
- 尊敬語、謙譲語を用いなくてもよい

書類や資料を送るときの定番フレーズ

送った書類や資料を相手に見てほしいときに、よく使うフレーズを挙げます。送る相手や内容によって使い分けましょう。

	意味・使い方	例
お目通しください	何かを一通り見てほしいときに使う	資料を作成しましたので、お目通しください
ご高覧ください	相手が見ることを敬っていう言い方。目上の人やお客様に送るときに使う	商品カタログが新しくなりました。ぜひご高覧ください
ご査収ください	金銭や書類に添える	請求書を同封しましたので、ご査収ください
ご笑覧ください	拙い文章ですが見てほしいと、へりくだって頼むときに使う	拙著をお送りしますので、ご笑覧ください

5 封筒

1 宛先の書き方

縦書き

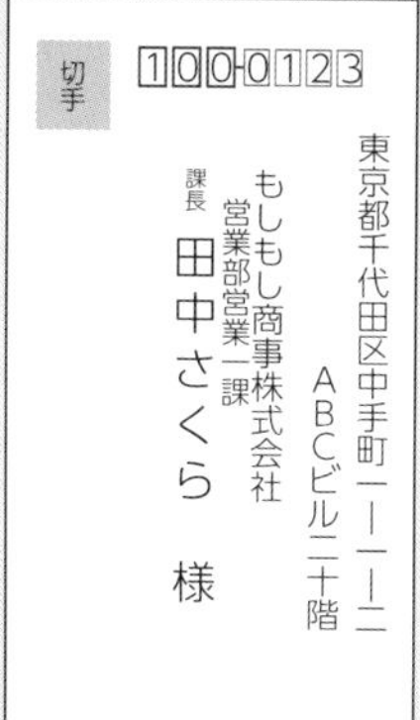

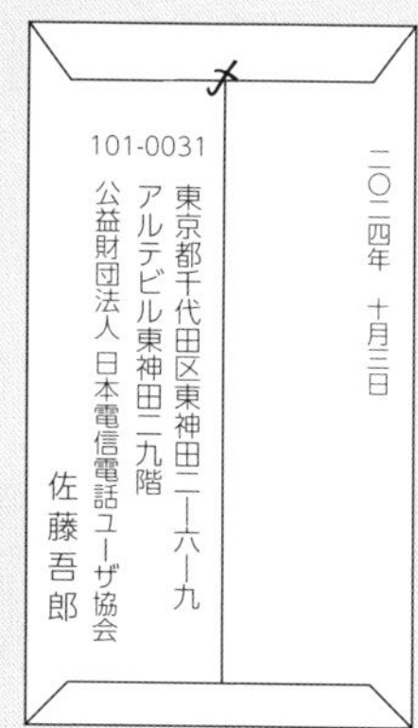

横書き

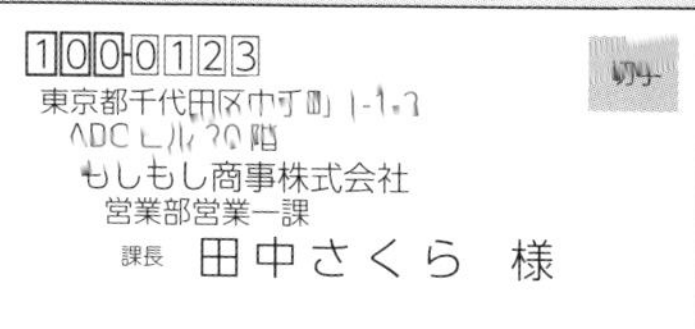

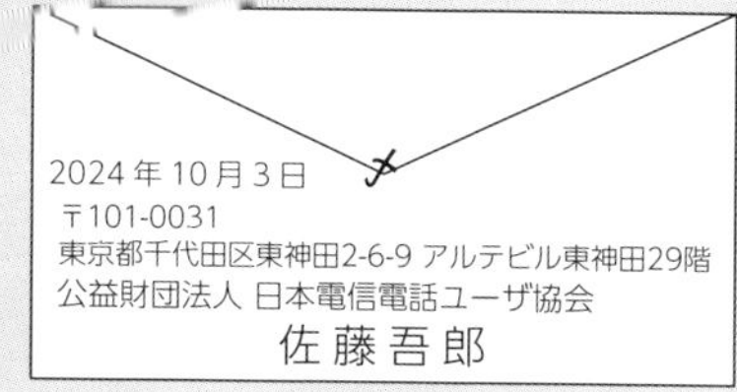

- 宛名の文字の大きさは、氏名＞企業名＞部署名＞役職の順
- 企業名は省略せずに書く
- 住所やビル名などは宛先に届く情報で書く
- 個人宛なら「様」「先生」を、会社や部課宛なら「御中」をつける
- 切手の位置は、見本（上図）のとおりに定められている

ここに注意

会社名と個人名の両方を書くときは、会社名には敬称はつけず、個人名にのみ「様」をつけます。「御中」は「宛先の中のご担当者様」という意味で、個人名がわからないときに使います。

連名

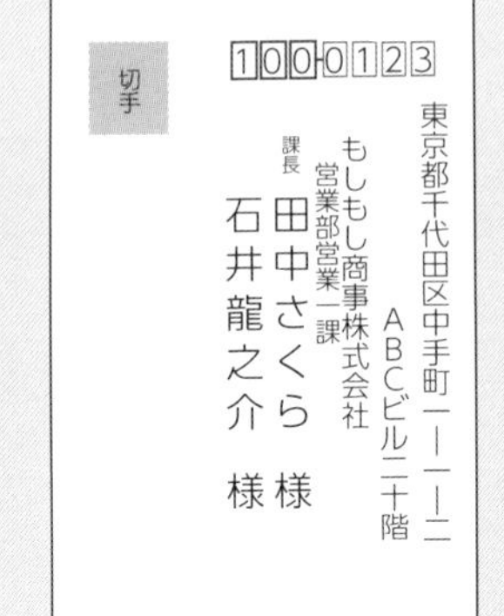

- 役職の高い人を右側に書く
- 名字が同じ場合でも、それぞれフルネームで書く
- それぞれの名前の下に「様」をつける

2 外脇付け

封書の内容を伝えるために、封筒に書く言葉を外脇付けと言います。

外脇付けは、封筒の左下に表記します。

親展	宛名人以外の開封厳禁
重要	特に重要な文書を送る場合
○○在中	同封物があることを示す。「請求書在中」のように書く
至急	すぐに開封してほしい場合

親展

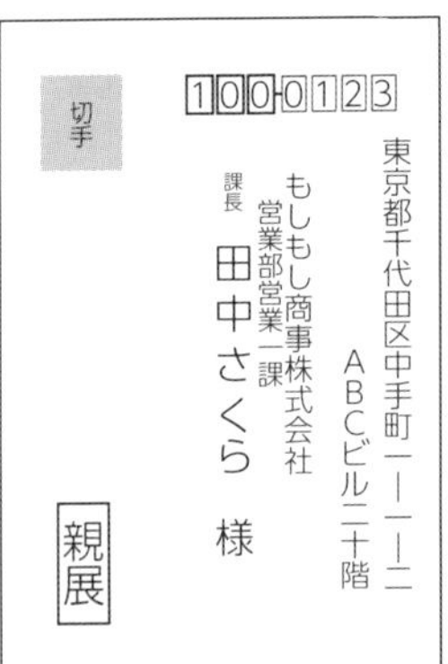

在中

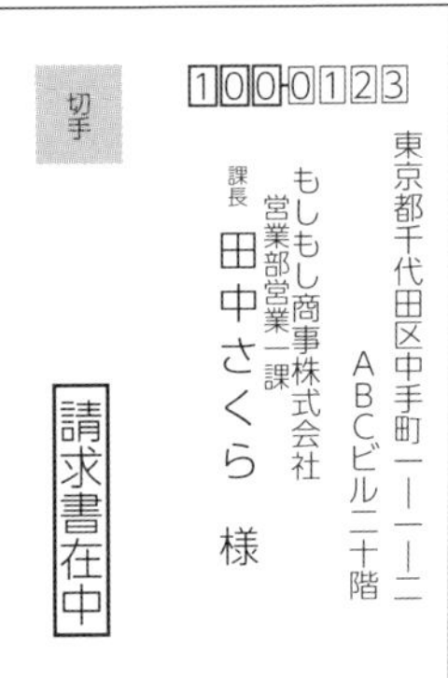

❸ 様方・気付

様方	ある世帯に同居している人に送る場合
気付	一時的に滞在・所属している場所に送る場合

ワンポイントアドバイス

「気付」は、出張先で滞在しているホテルに送るときや、祝電・弔電を出すときなどに使います。

❹ 封字

封筒を糊付けしたら、封じ目に封字を書きます。封字には「〆」「緘」「封」「締」などがあります。一般的には「〆」を用いますが、重要な手紙や書類のときは「緘」を用います。

6 返信はがき

出席の場合

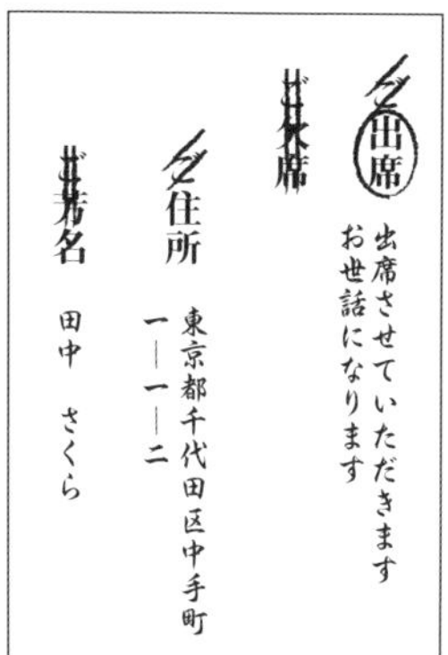

欠席の場合

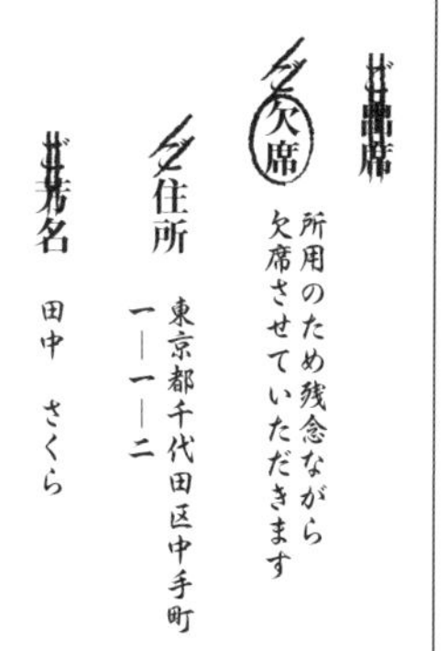

出欠欄に添える文例

「当日は楽しみに出かけます」

「当日はお世話になりますが、どうぞよろしくお願いいたします」

「おめでとうございます。当日お目にかかれるのを楽しみにしております」

「所用のため残念ながら欠席いたします」

「やむを得ない事情があり出席できず、申し訳ございません」

返信はがきのポイント

- 欠席のときは、簡潔に欠席理由を書く
- 病気や弔事で欠席の場合は、理由は書かず、「所用のため」「やむを得ず」と書く
- 「多忙なため」「忙しいので」とは書かない

問題演習

【問1】3・4級

もしもし商事の総務課長の山田太郎さん宛に郵便物を送ることになりました。封書の宛名の書き方で正しいものはどれですか。次の中から1つ選びなさい。

1. (株) もしもし商事
総務課
山田 太郎　課長　様

2. (株) もしもし商事
総務課
課長　山田 太郎　様

3. 株式会社もしもし商事
総務課
山田 太郎　課長　様

4. 株式会社もしもし商事
総務課
課長　山田 太郎　様

【問2】3・4級

返信封筒の宛先欄に、次のように書いてありました。「御中」をつけ加えたほうがよいものは、どれですか。次の中から1つ選びなさい。

1. 総務人事部採用担当部長
2. 総務人事部採用担当者
3. 総務人事部採用担当山田
4. 総務人事部採用担当

【問3】 2級

取引先に商品説明会の案内を送ります。社外文書作成のルールとして正しいものはどれですか。次の中から１つ選びなさい。

1. 用紙の右上に文書作成日を記載した。
2. 宛名は取引先の代表取締役名にして、発信者は文書作成者名にした。
3. 頭語は拝啓、結語は謹白にした。
4. 文末に問い合わせ先の電話番号を記載した。

【問4】 2級

結婚披露宴の招待状をもらいました。出席する場合の返信はがき（縦書き）の書き方です。不適切なものはどれですか。次の中から１つ選びなさい。

1.「行」の字を二本斜め線で消して「様」を書いた。
2.「御欠席」を縦二本線で消した。
3.「御出席」の「御」を二本斜め線で消し、丸で囲んだ。
4.「御芳名」の「御」を二本斜め線で消した。

解答・解説

【問1】 4

「(株)」は省略せずに、「株式会社」と書きます。したがって、**1.** と**2.** は誤りです。

3. の社名の書き方は正しいのですが、「課長　様」が間違っています。「課長」は敬称であり、「様」と並べて記述しません。

よって、正解は**4.** です。

【問2】 4

「御中」は、個人宛でなく、企業や部課宛に郵送する場合に、宛名の後に添える語です。したがって、正解は**4.** です。

個人名には「御中」ではなく、「様」をつけます。また、肩書には「御中」をつける必要はありません。

【問3】 4

1. 文書の日付は、作成日ではなく発信した日を記載します。
2. 文書を送る相手が代表取締役の場合、発信者は、同格の代表取締役にするのが礼儀です。
3. 頭語と結語の組み合わせには、決まりがあります。頭語が「拝啓」の場合、結語は「敬具」が一般的ですが、「敬白」や「拝具」を使っても問題ありません。また、「謹白」は、あらたまった文書で使う結語で、頭語の「謹啓」とペアで使うことが多いです。
4. 文末には、問い合わせ先として、担当者名と電話番号を記載すると親切です。記載する場所は、右下です。

【問4】 4

「御芳名」は、「御芳」を縦二本線で消します。「芳」の字を消し忘れる人がいるので注意してください。

二字を消す場合、縦書きは縦二本、横書きは横二本の平行線で消します。

一字は二本斜め線で消します。二本平行線で消すと、漢字の一部に見える場合があり、わかりにくくなるためです。

06 メール

重要度 ★★★

メールは手軽に送信できる一方で、押さえておくべきポイントがいくつもあります。ビジネスにおける書き方や使い方のルールやマナーを知っておきましょう。

1 書き方の基本

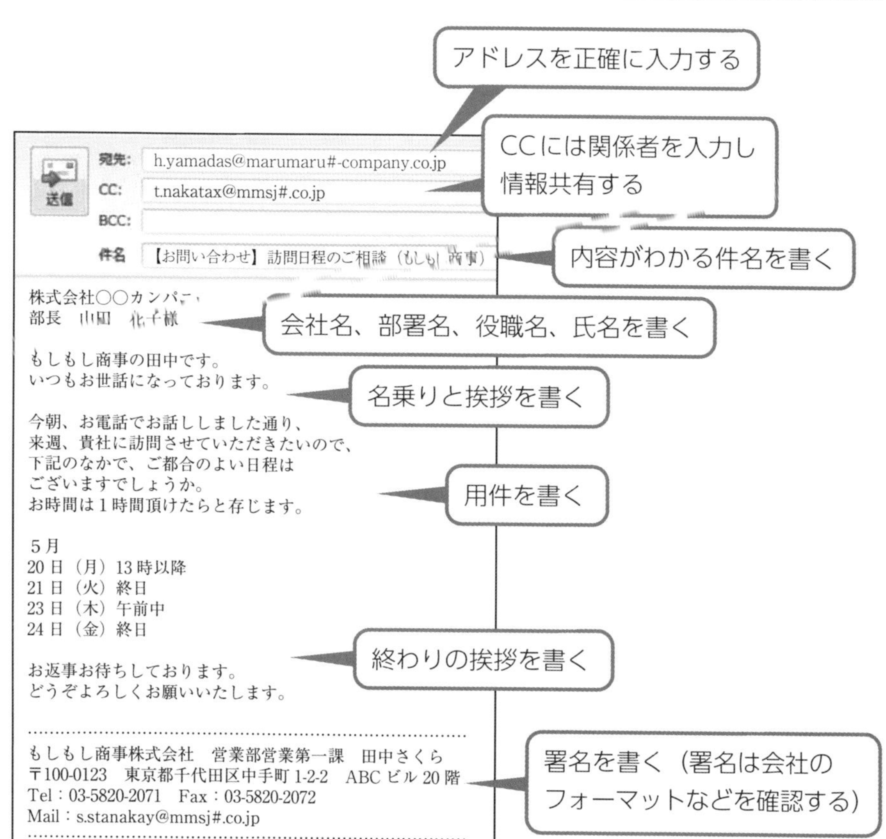

アドレスを正確に入力する
送信
宛先: h.yamadas@marumaru#-company.co.jp
CC: t.nakatax@mmsj#.co.jp
BCC:
件名 【お問い合わせ】訪問日程のご相談（もしもし商事）
CCには関係者を入力し情報共有する
内容がわかる件名を書く
株式会社○○カンパニー
部長 山田 花子様
会社名、部署名、役職名、氏名を書く
もしもし商事の田中です。
いつもお世話になっております。
名乗りと挨拶を書く
今朝、お電話でお話ししました通り、
来週、貴社に訪問させていただきたいので、
下記のなかで、ご都合のよい日程は
ございますでしょうか。
お時間は1時間頂けたらと存じます。
用件を書く
5月
20日（月）13時以降
21日（火）終日
23日（木）午前中
24日（金）終日
お返事お待ちしております。
どうぞよろしくお願いいたします。
終わりの挨拶を書く
もしもし商事株式会社 営業部営業第一課 田中さくら
〒100-0123 東京都千代田区中手町1-2-2 ABCビル20階
Tel：03-5820-2071 Fax：03-5820-2072
Mail：s.stanakay@mmsj#.co.jp
署名を書く（署名は会社のフォーマットなどを確認する）

作成のポイント

- 件名は、本文の内容（用件）を簡潔にして書く
- 形式は、「宛名＋名乗り＋簡単な挨拶＋用件＋署名」の順に書く
- 左寄せで、読みやすいように簡潔に書き、適度に改行して空白を入れる
- 絵文字や文字化けする特殊文字は使わない

ここに注意

メールは便利ですが、宛先のメールアドレスをよく確認しましょう。メールソフトには、自動的にメールアドレスの候補を挙げる機能がありますが、送信する前に宛先が合っているかを、念のために確認します。誤って違う人に送信してしまうと、情報漏えいにつながります。

2 添付ファイル

- 極力、個人情報や機密情報が含まれるファイルを添付しない
- パスワードつきのファイルを添付するときは、パスワードを同じメールに書かない
- 容量が大きいファイルを添付するときは、送信先に容量制限の有無を確認する
- 圧縮したＺＩＰファイルは、相手が開封できるとは限らないので、確認して送る

ワンポイントアドバイス

個人情報や機密情報を送るときは、会社指定のファイル転送システムやオンラインストレージサービスを利用します。必ず会社のセキュリティ対策に従って対応しなければなりません。

3 返信

返信には、送信者のみに送る「返信」と、送信者とCCの全員に送る「全員に返信」とがあります。ビジネスでは、基本的に「全員に返信」にして情報をやりとりします。また、件名には自動的に「Re：」と表示されます。

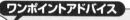

相手が書いた件名を変更する必要はありません。ただし、用件を表すのに変更が必要な場合は、変更しても構いません。

4 転送

送信者から届いたメールを第三者に送ることを転送といいます。件名には「Fw：」が表示されます。ただし、転送は本件に関係のない第三者に送ってはいけません。また、転送は、元の送信者に事前に承諾を得るようにします。

5 ケース別対応

1 相手に初めてメールを送る場合

初めてメールを送るときは、自己紹介と、メールを送った目的や経緯を書き添えましょう。

2 相手からメールで複数の質問が届いた場合

一度にすべての質問に回答できない場合には、回答できるものを先に返信して、残りはいつごろに回答できるのかという目安を伝えておきましょう。

3 クレームのメールが届いた場合

メールで届いた内容は、メールで返事をするのが基本です。しかし、内容がクレームである場合は、相手が感情的になっている可能性があります。メールで対応するのがよいのか、電話で対応するのがよいのか、直接面会して対応するのがよいのかを判断しましょう。

4 メールでアポイントの日時を相談したい場合

アポイントの日時は、相手の予定を優先して確認します。候補日をいくつか挙げてもらいましょう。

こちらの予定が限られているときは、その旨を伝えます。たとえば、「勝手を申しますが、○月○日は終日外出のため、この日を除いていただけますとありがたいです」などと書き添えましょう。

5 受信したメールが文字化けしていた場合

こちら側のメールシステムの不良によって、文字化けしている場合があります。そのため、まずはこちら側のメールシステムやメールソフトに不具合や設定誤りが生じていないかを確認します。

先方には「文字化けがありましたので、お手数をおかけして申し訳ございませんが、再送していただけますでしょうか」のように、お詫びの言葉を添えて、再送の依頼をしましょう。

問題演習

【問1】 2級

取引先X、取引先Yなどの複数の取引先に対して、「プライバシーポリシー改訂のお知らせ」を電子メールで一斉送信しようとしています。次の表は、使用する電子メールアドレスの一部です。送信元、取引先X、取引先Yのメールアドレスを入れるTO、CC、BCCの組み合わせのうち、適切なものはどれですか。次の中から1つ選びなさい。

送信元	yamada@ ●●● .co.jp
取引先 X	sato@ △△△ .co.jp goto@ △△△ .co.jp
取引先 Y	kikuchi@ ■■■ .co.jp
……	……

1.

TO	CC	BCC
yamada@ ●●● .co.jp	sato@ △△△ .co.jp goto@ △△△ .co.jp kikuchi@ ■■■ .co.jp ……	なし

2.

TO	CC	BCC
yamada@ ●●● .co.jp sato@ △△△ .co.jp goto@ △△△ .co.jp kikuchi@ ■■■ .co.jp ……	なし	なし

3.

TO	CC	BCC
yamada@ ●●● .co.jp	なし	sato@ △△△ .co.jp goto@ △△△ .co.jp kikuchi@ ■■■ .co.jp ……

4.

TO	CC	BCC
yamada@ ●●● .co.jp	sato@ △△△ .co.jp goto@ △△△ .co.jp	kikuchi@ ■■■ .co.jp ……

【問2】 3・4級

メールのマナーとして適切とはいえないものはどれですか。次の中から1つ選びなさい。

1. メールで問い合わせを受けたが、回答に時間がかかるため先に受領のメールを送った。
2. 受信したメールを第三者に転送したかったので、転送する前に送信者の許可を取った。
3. 午前中に受信したメールを午後に返信した。
4. 送信先が同じなので、請求書と会議の案内を1通のメールにまとめて送った。

【問3】 3・4級

ビジネスメールのマナーについての問題です。不適切なものはどれですか。次の中から1つ選びなさい。

1. メールは相手が都合の良いときに読むので、深夜にメールを送った。
2. 相手から返信がなかったため、まずは自分の送信ファイルを確認した。
3. 2つの用件を同じ相手に伝える場合、用件ごとにメールを送った。
4. メールで問い合わせを受けたが、確認に時間がかかりそうだったので先にメール受領の返信をした。

解答・解説

【問1】 3

正解は3. です。

複数のメールアドレスに向けて、メールを一斉送信するときには、「BCC(Blind Carbon Copy)」を利用します。

「BCC」に指定された宛先は、送信者以外には表示されません。したがって、「kikuchi@■■■.co.jp」からは「sato@△△△.co.jp」「goto@△△△.co.jp」は、わかりません。「BCC」は、個人情報保護の観点からも有益です。

「TO」「CC」「BCC」の違いは、次のとおりです。

「TO」：メールの主たる受信者です。原則は1名が望ましいとされていますが、複数のメールアドレスを入力することも可能です。

「CC」：「カーボン・コピー（Carbon Copy)」の略です。メールの内容を参考までに共有したい相手を指定します。

「BCC」：「ブラインド・カーボン・コピー（Blind Carbon Copy)」の略です。「TO」の相手に知られたくないときや、お互いに面識のない複数の人へ一度にメールを送る場合に使用します。

「BCC」でメールを受信した人が「全員に返信」すると、メールの送信者だけでなく、「TO」や「CC」の受信者へも返信されます。しかし、「TO」や「CC」で受信した人が「全員へ返信」しても、「BCC」の人は受信できません。

【問2】 4

送信先が同じであっても、用件が異なる場合は別のメールで送るのが望ましいです。したがって、正解は**4.** です。

スレッド機能で用件ごとにメールを管理している場合、1通のメールに複数の用件を入れてしまうと、後でメールを読み返すときに探しにくくなります。

メールのやりとりにおいても、相手が仕事をしやすいように配慮することは大切です。

【問3】 1

最近はパソコンだけではなく、スマートフォンやタブレットで、仕事のメールを確認する人が増えています。

メールは都合の良いときに読めるとはいえ、深夜にメールを送ると、受け取った相手に、「こんな遅い時間まで仕事をしているのか」と、気を遣わせる場合があります。また、着信音で相手の睡眠を妨げる可能性も考えられます。

以上の理由から、緊急性が高い場合を除き、深夜にメールを送信するのは避けます。したがって、正解は**1.** です。

メールの送信予約機能を活用し、相手の勤務時間内に送信時間を設定しておくのも一つの方法です。

07 Web会議

重要度 ★★★

テレワークや多様な働き方に対応して、
Web会議も浸透しました。円滑に会議が進行できるよう、
準備や配慮する点について知っておきましょう。

1 出席者の心得

会議の前に行うこと

- ログイン情報の確認と事前チェック（カメラ・音量・背景や表示名の設定など）
- 使用機器やアプリケーションのセキュリティなどの更新
- 身だしなみを整える（→P123「身だしなみ」を参照）

会議のために準備しておくこと

- 生活音などの漏れを防ぐ（発言時以外はミュートにする）
- カメラに映ると困るものは取り除く（バーチャル背景を利用するなど）
- 状況に応じて、マイク付きのヘッドホンやイヤホンを利用する

会議にログインする際に行いたいこと

- 会議開始時刻に遅れない
- ログインしたら挨拶して、簡単に自己紹介をする

〈例〉「おはようございます。〇〇会社の田中です。どうぞよろしくお願いいたします」

会議中に意識しておきたいこと

- 発言のタイミングを見計らう。発言するときは、「〇〇です。発言してもよろしいでしょうか」のように言う
- 発言は、ゆっくりはっきり話す
- 反応を示す（うなずき、ジェスチャー、スタンプ、チャットなど）
- カメラをONにするかOFFにするかは、会議のルールに従う
- 会議に関係のないことをしない

ここに注意

会議では、自分だけが長く話したり、全く発言せずに終わったりするのは好ましくありません。互いに意見を交わし合い、実りある会議にしましょう。

2 主催者側の準備と進行

会議の準備

- ネットワーク環境、および、使用する機材の動作確認をする
- 使用する資料を作成する（参加者が画面上で見やすいかどうかを確認する）
- 関係者に会議情報、および、資料をメールで送信する

会議の進行

- 主催者は早めにログインして、開設しておく
- 会議が始まるまでに準備してもらいたいことを知らせる
(名前の表記、カメラのON・OFFの指示、チャットの利用についてなど)
- 出欠を取る
- 進行役は、参加者全員の様子に気を配る
- 発言や反応が少ないときは、名指しして意見をきく
- 会議によっては、進行役とテクニカルサポート役を、それぞれ別に設定する

ワンポイントアドバイス

他社メンバーの方との、初めての会議である場合は、主催者（進行役）が参加会社の紹介をし、自己紹介を促しましょう。相手を知ることで、発言しやすくなるため、会議のコミュニケーションが活性化します。

ワンポイントアドバイス

Web会議は、ネットワーク環境やパソコンなどの機器の設定など、事前準備をしていても、スムーズにログインできないことがあります。そのような場合も想定して、会議主催者は、あらかじめ連絡手段を伝えて、出欠状況を確認し、会議本題に入るのを少し遅らせるなどの対応も考えておくとよいでしょう。また、Web会議に限りませんが、会議を終了する時間は、予定どおり、あるいは少し早めることを意識しましょう。

問 題 演 習

【問1】 3・4級

ビジネスで活用されているWeb会議ツールには、「Zoom」や「Microsoft Teams」、「Webex」などいろいろなものがあり、多様なコミュニケーションができるような対応力を高めていく必要があります。「Zoom」について、誤った説明を次の中から1つ選びなさい。

1. 動画の共有だけでなく、画面共有もできる。
2. チャット機能では文字だけでなく、ファイルの配布もできる。
3. ビデオ通話だけでなく、音声通話もできる。
4. 無料版ではサービスの制限があるが、有料版では無制限で使用できる。

【問2】 3・4級

社内のメンバー20人で、ハイブリッド会議（集合型とオンライン型を融合した会議）を行います。司会者が集合側にいる場合に、会議をスムーズに進行するためのコツとして誤っているものを1つ選びなさい。

1. 会議冒頭で、集合側で出席している人の名前を読み上げ、参加者を明確にする。
2. 参加者が発言する際には、名乗ってから発言を始める。
3. 司会者は集合側を中心に、発言を促すようにする。
4. 司会者が議事の説明を行い、参加者からの意見はチャットを活用する。

【問3】 3・4級

部内の5人で、定例ミーティングを、Web会議で行いました。説明者（スピーカー）が話している途中で、急に音声が聞こえなくなってしまいました。説明者に音声が聞こえなくなったことを伝えようと思っています。次の内、優先順位の低いものはどれですか。1つ選びなさい。

1. 手近にある紙に「聞こえません」と大きく書いて、カメラに写す。
2. マイクのミュートを外して「聞こえません」と言う。
3. 説明者に電話をかけて「聞こえません」と伝える。
4. Web会議ツールのチャットを使って、全員に「聞こえません」と送信する。

解答・解説

【問1】 4

「Zoom」は、主にオンラインミーティングをする際に使われます。

映像と音声を使って、双方向でコミュニケーションでき、そのコミュニケーションを補助する機能として、画面共有やチャットが使えます。ファイル配布は、チャットを通じて行えます。

サービスには、有料版と無料版があり、サービス内容に差がありますが、有料版であっても、参加人数や使用時間に上限が設けられるなど、制限事項があります。したがって、正解は**4.** です。

【問2】 3

「ハイブリッド会議」は、集合側の参加者が進行の中心になりやすく、オンライン側に疎外感が生じる傾向があります。

集合側の参加者も、一人ひとりが個別にオンラインで参加している意識をもって発言するのを心がけます。

司会者は、「オンラインからの発言を促す」、「オンラインからも発言しやすいように、チャットを活用する」など、オンライン側の参加者に配慮する必要があります。

【問3】 3

設問のケースでは、部内のWeb会議であり、人数も5人と少ないため、まずは参加者全員に、「音声が聞こえていない」という自分の状況を知ってもらうのがよいです。

話している途中で急に聞こえなくなったのは、1人だけかどうかわかりません。全員に知らせ、自分だけに起こっている事象なのか、または全員に起こっている事象なのかを確認し、原因究明のために切り分けを行います。

4つの選択肢のうち、**3.** だけが個別に連絡しており、全員に知らせることができません。また、Web会議にスマートフォンで参加しているケースも多いことから、電話をかけるのは控えます。したがって、正解は**3.** です。

説明者の立場で考えると、人が集まる会議や対面の打ち合わせの席上で、自分が説明中に電話がかかってきた場合、説明を止めて電話に出ることは、目の前で聞いている人に対して失礼です。Web会議であっても、基本的なマナーは変わりません。

Web会議以外のSNSで連絡するのも、説明者はそのアプリの画面を見る余裕がない可能性があると考えるべきです。

参加人数が多い場合には、**1.** や**2.** よりも、**4.** のほうが伝わりやすいこともあります。また、あらかじめ電話問い合わせ窓口が設けられているときには、電話で申告するとよいです。

08 1・2級 お付き合い

重要度 ★★★

ビジネスでは、懇親を目的とした会食やパーティーが行われることがあります。ビジネスパーソンとして押さえておきたい、お付き合いの基本を学びましょう。

1 和食

基本の配膳

配膳の位置には、決まりがあります。

①ご飯　②汁物　③香の物・副々菜　④副菜　⑤主菜

ワンポイントアドバイス

ご飯が左、汁物が右です。ご飯と汁物は横に並べます。左利きの人でも同じです。

基本の食べ方

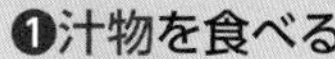

❶汁物を食べる

❷ご飯を食べる

❸汁物、またはおかずを食べる。あとは、香の物以外なら何を食べてもよい。ただし、おかずからおかずには移らず、ご飯を食べてからおかずに移る

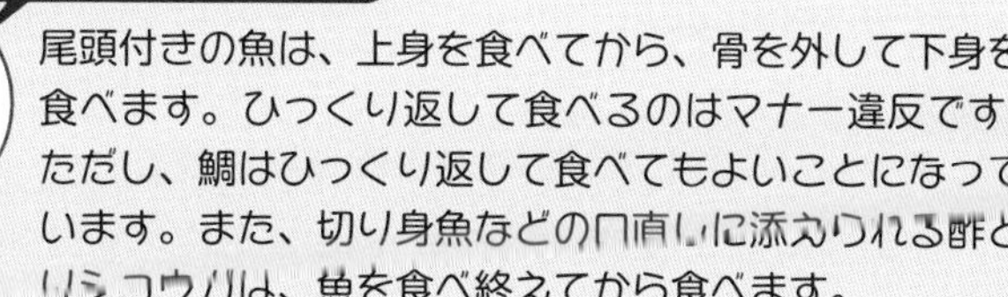

ワンポイントアドバイス

尾頭付きの魚は、上身を食べてから、骨を外して下身を食べます。ひっくり返して食べるのはマナー違反です。ただし、鯛はひっくり返して食べてもよいことになっています。また、切り身魚などの口直しに添えられる酢どりショウガは、魚を食べ終えてから食べます。

❹最後に、香の物を食べる

ここに注意

はじめから香の物を食べてはいけません。大したおかずがないので、香の物に箸をつけたと誤解される恐れがあります。

器の取り方

- 身体の真ん中より右にある器……右手で取って、左手に持ちかえる
- 身体の真ん中より左にある器……左手で取って、右手を添えて持ち直す

お椀などのふたの扱い

- 汁椀のふたは、右手で取り、左手を添えて裏返しにして、右側に置く
- ふたが椀にぴったりついてしまっているときは、左手で椀のへりを中に押すようにする。ふたが少し浮いたら、右手で取る
- 飯椀のふたは、左手で取り、右手を添えて裏返しにして、左側に置く
- 食べ終わったら、逆の順序でふたを元通りに戻す。裏返しのまま戻すのはNG

○ ×

ご飯のおかわり

- 一口だけ残して、おかわりをお願いする
- おかわりをしている間は、おかずを食べずに静かに待つ
- おかわりをもらったら、いったん椀を膳に置いてから食べる

マナー違反の食べ方

手皿	食べ物を口に運ぶときに、箸を持っていないほうの手を食べ物の下に添える。
犬食い	前かがみの姿勢で、口を器に近づけて食べる。
畜生食い	前菜が 3 点あるときに、真ん中から食べる。
にらみ食い	ものを食べながら、ほかの料理を見る。
袖越し	右にあるものを左手で取る。左にあるものを右手で取る。

タブーの箸使い

迷い箸	どの料理を食べるかを迷い、器の上で箸を動かす。	
寄せ箸	器を箸で自分のほうに引き寄せる。	
ねぶり箸	箸を口に入れて、なめたり、しゃぶったりする。	
刺し箸	料理に箸を突き刺して食べる。	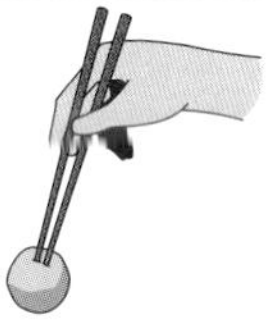
渡し箸	食事の途中で、器の上に箸を渡し置きする。	
指し箸	箸で人やものを指す。	
逆さ箸	大皿の料理を取り分けて食べるときなどに、箸を逆さにして料理を取る。	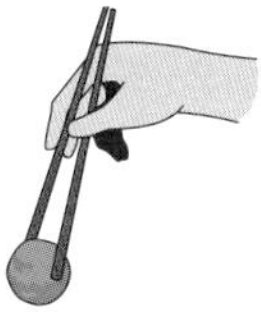

※和食が出る料亭などでは、食事をする場所が和室の場合があります。和室のマナーは、訪問（P159「和室での振舞い」）、来客応対（P180「食事の席次」）も参照してください。

2 洋食

テーブルセッティング

①スープスプーン	⑤デザート用フォーク・ナイフ	⑧ゴブレット
②オードブルフォーク・ナイフ		⑨シャンパングラス
③魚用フォーク・ナイフ	⑥デザート用スプーン	⑩白ワイングラス
④肉用フォーク・ナイフ	⑦バターナイフ	⑪赤ワイングラス

ポイント

- フォーク・ナイフは、外側から順番に使っていく
- 水やワインはサービススタッフに注いでもらう
- スープは向こう側から手前にすくい、音を立てずに飲む
- フィンガーボールは片手ずつ指先を洗う

食事中と食事終了のサイン

食事中と食事終了のサインは、いくつか種類があります。日本では、次のようにするのが一般的です。

食事中

フォークとナイフを「ハ」の字にする

食事終了

フォークとナイフをそろえ、ナイフの刃は自分に向くように置く

ナプキンの使い方

- 主賓がいるときは、主賓がナプキンを取ってから、それに合わせて取り、膝に置く
- 主賓がいないときは、全員が席についてから一呼吸おいて膝に置く
- 膝に置くときは、二つ折りにして、輪になっているほう（折り目があるほう）を手前にする
- 指先や口元が汚れたときは、ナプキンの内側でふく
- 中座するときは、椅子の上に置く。椅子の背にかけたり、メインのお皿に挟んでテーブルから垂らしたりしてもよい
- 食事を終えたら、ナプキンを軽くたたんでテーブルに置く。きれいにたたむと、「料理がおいしくなかった」という意味になる

ここに注意

くしゃみやあくびが出そうになったときに、ナプキンで口元を押さえてはいけません。ナプキンではなく、自分のハンカチを使いましょう。

会食時のマナー

- 会食中に中座しないように、あらかじめお手洗いに行ってから席に向かう
- バッグは椅子の背に置くか、椅子の足元に置く（テーブルには置かない）
- 同席者の料理が出されるまで、食べ始めない
- 同席者の食べるペースに合わせて食事をとる

乾杯のマナー

正式な場で乾杯をする際の流れと注意点を覚えておきましょう。

❶乾杯の合図があったら、立ち上がる

↓

❷乾杯の唱和に続いて、グラスを目の高さに掲げ、主賓や左右の人とアイコンタクトを交わす

ワンポイントアドバイス

結婚披露宴やフォーマルなパーティーでの乾杯は、グラスを重ねて音を立てないのがマナーです。シャンパングラスなど繊細なグラスを割らないための配慮ですが、祝い事にひびが入るのは縁起が悪いという意味合いもあります。また、乾杯には「互いに祝いながら、杯の酒を飲み干す」という意味がありますが、正式な場ではグラスに口をつける程度で十分とされています。

3 立食パーティー

ビュッフェ形式の会食には、立食と着席の2種類があります。ここでは、ビジネスの場面で一般的な立食パーティーのマナーについて説明します。

心構え

立食パーティーの目的は、参加者との歓談です。荷物はクローク・ルームに預け、身軽にしておきます。グラスや皿を持ちながら会話がしやすいように、バッグは小さめのショルダーバッグや腕にかけられるものがよいでしょう。

基本マナー

- 皿は、1回に1枚が基本
- 料理は一度に食べきれる分だけ皿に取る
- 冷たい料理と温かい料理は、同じ皿に取らない
- 一度使った皿を繰り返し使わない
- 使った皿は料理が並べられているメインテーブルには置かず、サイドテーブルまたは、サービススタッフへ手渡す

ワンポイントアドバイス

会場にある椅子は、高齢者や一時的に身体を休めたい人のために用意されています。椅子に自分のバッグを置いて、席を確保するのはマナー違反です。バッグは常に持ち歩き、立ったまま食事をするのが基本です。

4 会食・接待

事前準備

- 店の選定や参加メンバーについては、上司に必ず相談する
- 会社から店までの距離、店から相手の自宅までの距離を考慮し、アクセスのよい店を選ぶ
- 相手の料理の好みやアレルギーなどを事前に聞いておく
- 料理、飲み物、席次、支払いなどについて、事前に店と打ち合わせをする
- 招待の案内（手紙、メールなど）を送る

お迎え

- 店にはお客様より早く到着し、店の外、または入口付近で待機する
- 挨拶を交わした後、会場へ案内し、お客様に上座をすすめる

会食中

- 飲み物はお客様が口をつけてから飲み始める
- 食べ物や飲み物が行き渡っているか目配りをする
- お酒が飲めないお客様にも配慮する
- お酌は両手で、ラベルを上にして行う
- お酒をすすめられたときは、片手ではなく、両手で受ける
  （ワインを注いでもらうときは、グラスはテーブルに置いたままにする）
- 主役はお客様であることを忘れず、飲みすぎない
- 和やかに会食できるよう、話題を準備しておく

会計とお見送り

- 支払いは、相手が気付かないように、会食の終わりのころか、見送りを済ませた後に行う
- 帰り際にお土産を渡す
- 見送りの挨拶は丁寧に

ワンポイントアドバイス

お土産は貴重な時間を頂いたことへの心遣いです。
お土産を選ぶとき、相手の好みや家族構成などがわかる場合には、考慮するとよいでしょう。

5 贈答・進物

贈り物は大きく分けて、現金と品物があります。また、贈り物を渡すシーンは、慶事と弔事があります。それぞれに日本古来の「水引」、「のし」の作法があります。

水引の色と結び方

	水引の色	結び方
慶事	金銀、紅白、赤白　など	結びきり、あわじ結び〔あわび結び〕(一度きりの慶事)、蝶結び（繰り返してよい慶事)
弔事	銀白、黒白、黄白　など	結び切り、あわじ結び〔あわび結び〕(一度きりの弔事)

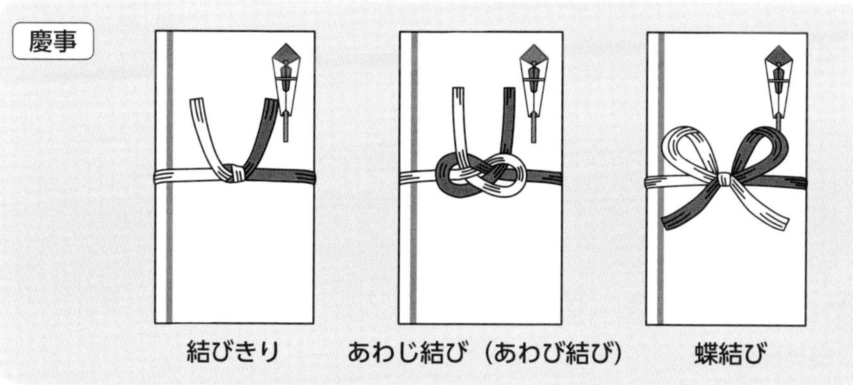

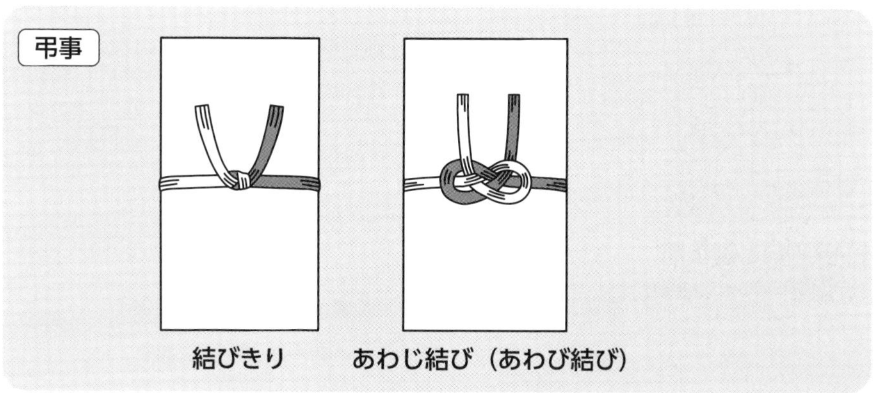

表書きの種類（慶事）

1 主な表書き

結婚	寿、御結婚御祝
一般的なお祝い	御祝、御○○御祝（○○には「出産」「新築」「開店」などが入る）

2 賀寿

賀寿とは、長寿のお祝いのことです。表書きは、「○○御祝」「祝○○」と書きます。○○に入る言葉は、年齢によって異なります。

年齢	名称	色（シンボルカラー）
60歳	還暦	赤
70歳	古希	紫
77歳	喜寿	紫
80歳	傘寿	黄・金
88歳	米寿	黄・金
90歳	卒寿	紫
99歳	白寿	白
100歳	百寿	白・桃

表書きの種類（弔事）

1 主な表書き

表書きは、宗教・宗派によって異なります。

仏教	御霊前、御仏前、御香料、御香典、御供料
神道	御榊料、玉串料、御供料、御神前
キリスト教	御花料、御ミサ料（カトリック）、弔慰料（プロテスタント）
無宗教	御花料、御供料

2 御霊前と御仏前

御霊前	霊の前に供える。通夜・葬儀・告別式のときに書く
御仏前	仏の前に供える。四十九日法要を過ぎてから書く

浄土真宗は、死後すぐに仏になる「往生即成仏」という考えなので、通夜・葬儀・告別式でも「御仏前」と書きます。

そのほか

一般的な御礼	御礼、謝礼、お礼
目下の人への御礼	寸志、薄謝
入院のお見舞い	御見舞
お見舞いのお返し	快気内祝
交通費を名目にした御礼	御車代
定年退職	御礼、御餞別

ここに注意

「寸志」には少しばかりの贈り物、「薄謝」にはわずかの謝礼という意味があり、原則として目上の人から目下の人に贈るときに使います。感謝の気持ちで物を贈るなら、「御礼」「謝礼」「お礼」とするほうがいいでしょう。

表書きの名前の書き方

一人の場合

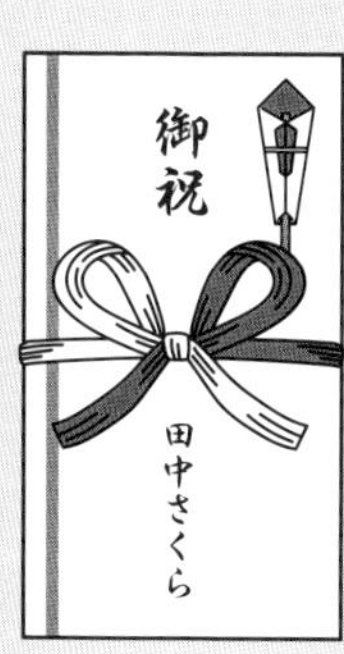

- 毛筆が正式
- 不祝儀袋には薄墨で書く(四十九日まで)
- 名前はフルネームで書く
- 名前は表書きよりやや小さめに書く

連名の場合

3名

宛名あり

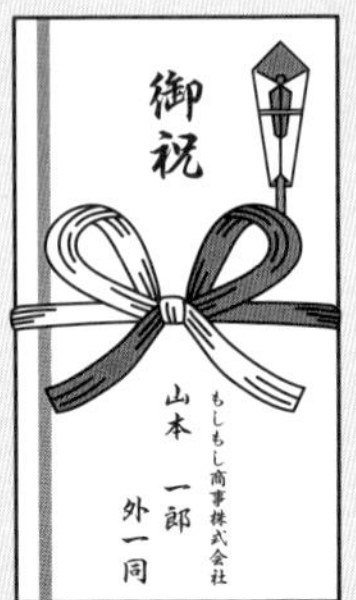

4名以上

- 連名で書くのは3名まで
- 宛名がないときは、地位や年齢の高い人を右側に書く
- 宛名があるときは、地位や年齢の高い人を左側に書く
- 4名以上の場合は、代表者名のとなりに「外一同」と書く

袱紗（ふくさ）

袱紗とは祝儀袋や不祝儀袋を包むものです。色と包み方は慶弔で異なります。

1 色

- 慶事……赤などの暖色系
- 弔事……紺などの寒色系
- 慶事・弔事どちらも可……紫

2 包み方

- 慶事……左を折る→上を折る→下を折る→右を折る
- 弔事……右を折る→下を折る→上を折る→左を折る

お中元とお歳暮

お中元とお歳暮は日ごろからお世話になっている方や取引先に、感謝の気持ちや健康を願う気持ちを込めて贈るものです。ただし、下記のような注意点があります。

- お歳暮だけを贈ることはよいが、お中元を贈ったときはお歳暮も贈るのが基本
- お中元やお歳暮にお返しは必要ないが、礼状を出すか、お礼の連絡をしておく
- 喪中など、不幸と重なっている方に贈っても問題ない

ここに注意

会社として、贈答を禁止している場合があるので、確認しましょう。

贈答へのお礼

贈り物を頂いたらお礼を伝えましょう。ただし、下記のような注意点があります。

- 受け取った日から3日以内にお礼を伝える
- はがきや手紙でお礼状を出すのが基本だが、相手との関係性によっては、電話やメールなどで伝える

問題演習

【問1】 2級

立食パーティーに参加しました。次の中から適切な振舞いを１つ選びなさい。

1. 料理をのせた皿とグラスを片手に持ち、交流した。
2. 同じ皿に、冷たい料理と温かい料理を取った。
3. みんなで食べられるように、大盛りで持ってきた。
4. 食べ終えた皿は、メインテーブルの端のほうに置いた。

【問2】 2級

床の間がある座敷で、取引先と会食をします。取引先、自社からそれぞれ２名（課長、担当）が出席します。

和室の席次として正しいものはどれですか。選択肢の中から１つ選びなさい。

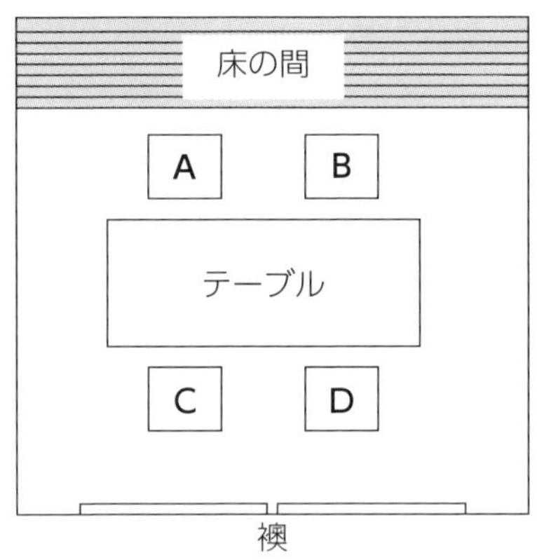

1. Aに取引先課長
2. Bに自社課長
3. Cに自社担当
4. Dに取引先担当

【問3】 2級

取引先と中国料理レストランで会食をしました。出席者は取引先から3名（部長、課長、係長）と、自社からは上司2名とあなた（部長、課長、あなた）です。席次に関する記述で不適切なものはいくつありますか。次の選択肢の中から1つ選びなさい。

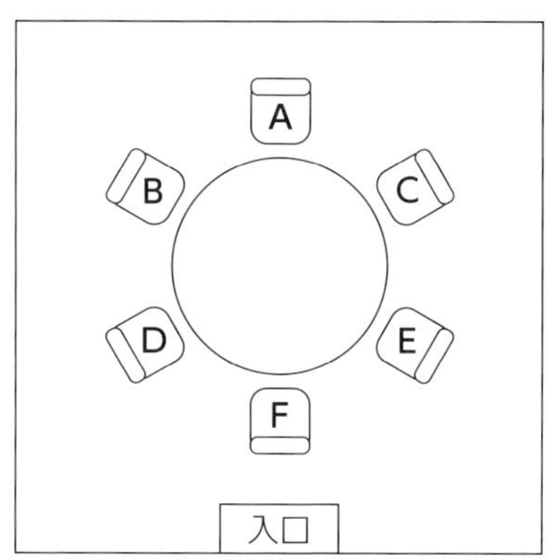

ア. Aに取引先の部長が座った。
イ. Bに自社の部長が座った。
ウ. Cに取引先の課長が座った。
エ. Dに取引先の係長が座った。
オ. Eに自社の課長が座った。
カ. Fにあなたが座った。

【選択肢】
1. 4つ
2. 3つ
3. 2つ
4. 1つ

【問4】 2級

お歳暮に関するマナーについて、不適切とされる行為はどれですか。次の選択肢から１つ選びなさい。

1. ビールが好きな方なので、訪問して挨拶し、お歳暮としてビール券を贈った。
2. 上司が退職して３年経ち、今年からお中元は贈らず、お歳暮だけを贈った。
3. 春に大変世話になりお中元を贈ったので、お歳暮は贈らなかった。
4. 先方が喪中だったが、お歳暮を贈った。

【問5】 2級

タブーとされている箸使いの説明として、間違っているものはどれですか。次の中から１つ選びなさい。

1. 迷い箸：どれを食べようかと迷って箸先をあちこち動かすこと
2. 刺し箸：話をしながら、相手に向かって箸先を向けること
3. 移し箸：Ａさんの箸からＢさんの箸に直接食べ物を渡すこと
4. 渡し箸：箸をお茶碗などの器の上に渡して置くこと

解答・解説

【問1】 1

1. 適切な振舞いです。

2. 料理の味を損なったり、ソースなどが混じってしまう場合があるので、冷たい料理と温かい料理は別の皿に取ります。

3. 一皿には、自分の食べる量だけを取るのが原則です。

4. 食べ終わった皿は、サイドテーブルに置くか、サービススタッフに持って行ってもらいます。

立食パーティーでは、自分が取ったものは残さないようにします。また、口に食べ物が入ったまま歩くのは避けます。

【問2】 3

「床の間」は、神聖な場所です。「床の間」の前が上座となり、取引先の方に座っていただきます。自社の人が座る席は、襖がある出入口側です。よって、**2.** と **4.** は間違いです。

また、和室の席次は、「床の間」の位置を基準に、左上位で考えます。

「床の間」から見て左側の席（B）が最上位の席で、取引先課長が座る席です。よって、**1.** は間違いです。

正しい席次は、Aに取引先担当、Bに取引先課長、Cに自社担当、Dに自社課長です。したがって、正解は **3.** です。

【問3】 2

円形テーブルの席次は、入り口から最も遠い席が上座で、入り口に最も近い席が下座です。また、中国料理の席次は左上位が適用されるため、最上位の席はA、第2席がC（Aの左隣り）、第3席がB（Aの右隣り）です。入口側のD、E、Fは自社の人が座ります。

最上位の席（A）を基準に、左上位ですべての席次が決まるので、Aに取引先の部長、Bに取引先の係長、Cに取引先の課長、Dに自社の課長、Eに自社の部長、Fにあなたが座るのが正しい席次です（下の図を参照してください）。

したがって、**イ.エ.オ.** の3つが不適切なので、正解は **2.** です。

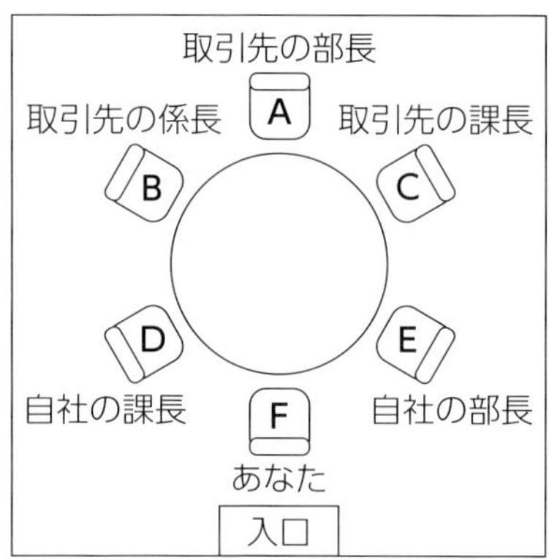

【問4】 3

1. お中元やお歳暮で商品券やギフト券は人気があり、贈ってもマナー違反ではありません。現金そのものを目上の方に贈るのは失礼になりますが、相手が好きなものを買って楽しんでもらえる商品券やギフト券は、贈っても問題ありません。

2. 毎年お中元とお歳暮を贈っていた場合でも、事情によりどちらも贈るのが難しくなったときには、お中元ではなく、1年の感謝の気持ちとしてお歳暮を贈ります。

3. お中元を贈ったら、お歳暮も贈ります。お中元やお歳暮は「その年にお世話になったから、その年にだけするもの」ではありません。お世話になったときだけの贈り物は、「御礼」として贈ります。

4. お歳暮は、お祝いの品ではありません。したがって、相手が喪中のときに贈っても問題ありません。しかし、相手の気持ちに配慮して、四十九日を過ぎたころに届くようにするとよいです。その際、品物だけではなく、手紙も送るようにします。年が明け、松の内（1月7日または15日）を過ぎて贈るのであれば、表書きを「寒中お伺い」とします。

【問5】 2

「刺し箸」は、食べ物に箸を突き刺して食べる行為です。芋の煮転がしなど、ツルツルするものは箸で刺したくなりますが、この行為は、「箸をうまく使えません」という意味になり、箸の使い方のタブーとされています。

話をしながら相手に向かって箸先を向ける行為は「指し箸」といい、人に対してだけではなく、食べ物や器などを箸先で指す行為も含まれています。「指し箸」は、周囲の人に不快な思いをさせる行為です。

コラム 箸先はどれくらいまで汚れてもいい？

美しい食べ方かどうかは、箸先を見ればわかります。昔から、「箸先5分（1.5㎝）、長くて一寸（3㎝）」と言われています。つまり、約3㎝以内なら、汚れても許容範囲です。

箸先が3㎝以上汚れる食べ方は、相手に不快感を与えます。たとえば、ご飯をたくさん頬張ると、それだけでも箸先は4～5㎝汚れます。見ても美しい食べ方ではありません。箸は美しく使いたいものです。

ビジネスパーソンとして、恥ずかしくない箸使いを身につけましょう。

コラム お別れの会の服装 「平服」とは?

近年、葬儀の形式も多様化しています。親族だけで葬儀を行い、後日、友人や関係者を招き、お別れの会や偲ぶ会を執り行うことが増えています。

お別れの会の案内状に「平服でお越しください」と書かれている場合、何を着て行けばよいか悩む人が多いようです。平服指定の場合、招待された側は基本的に喪服を着用する必要はなく、濃紺やダークグレーのスーツやアンサンブル、ワンピースで問題はありません。

服地の素材は光沢のあるものを避け、ネクタイは黒やダークグレー、バッグや靴は黒で統一します。ネックレスやイヤリングなどのアクセサリーも基本は黒ですが、白い真珠は例外的に身に付けてよいとされています。メンズスーツのワイシャツを除き、レディーススーツやアンサンブルに合わせるインナー(ブラウスなど)は、白ではなく、黒やグレー系を選び、華美にならないようにします。

葬儀の形式が変わろうとも、参列者の故人を偲ぶ心は、いつの時代も変わりません。場にふさわしい装いを知り、余計な心配をせずに、故人との最後のお別れを心静かに行いたいものです。

09 多様性への対応

重要度 ★★★

互いを尊重し、思いやる心は、多様性を理解するための第一歩。相手が困っているときに、必要な手助けをするためのポイントを押さえておきましょう。

1 視覚障がい

視覚障がいのある人と接するとき

- 挨拶は、名乗ってから行う
- 手助けするときは、「腕をお貸ししましょうか」などと声をかけてから行う
- 白杖を持っている人を案内するときは、白杖を持つ手と反対側に立ち、半歩前の位置で腕や肩を貸す
- 会話の途中で席を離れるときは、必ず声をかける（黙って、その場から立ち去らない）
- 物の位置を知らせるときは、方角を、時計の文字盤で表現する
  〈例〉「5時の位置にお茶を置きます」
- お金を渡すときは、金額を伝え、金種ごとにゆっくり手渡す
- 場所や方向を示す場合、「あちら」「こちら」は使わない
  〈例〉「前に1m、進んでください」

2 聴覚障がい

聴覚障がいのある人と接するとき

- 声をかけるときは、必ず前方から
- 筆談や携帯電話（スマートフォンなど）の画面、指文字、身振りなど、相手が理解しやすい方法でコミュニケーションを図る
- 筆談するときは、文章は短めに、わかりやすく書く
- マスクを着用しているときは、マスクを外し、口の動きが見えるようにして、ゆっくり話す
- 補聴器を着けている人には、話が聞き取れるかどうか確認する

3 車椅子（肢体障がい）

車椅子を使っている人と接するとき

- 車椅子を使っている人と話すときは、同じ目線での会話を心がける
- エレベーターで一緒になったときは、「開」ボタンを押し、車椅子を使っている人の乗り降りを優先する
- 車椅子が通れるように、通路に不要な物を置かない

4 外国人

外国人とのコミュニケーションにおいて、相手の文化や慣習を理解するのは大事なことです。無意識に行っていたしぐさで、相手が不快な思いをする場合もあります。

外国人と接するときに気をつけたいボディーランゲージ（しぐさ）について学びましょう。

誤解を招くボディーランゲージ（しぐさ）

手招き 	手の甲を上にして「おいで、おいで」と指を動かすしぐさは、アメリカでは「さよなら」のジェスチャーに当たります。
左手 	イスラム教の慣習では、左手は不浄の手といわれています。左手での握手、物の受け渡しはしないように気をつけます。
オッケーサイン 	親指と人差し指で輪を作るオッケーサインは、日本では了解のほか、お金の意味を表しますが、フランス、ベルギーではゼロを意味します。 手のひらを返して輪を作ると、ギリシャ、ドイツ、トルコ、中東、南アフリカの一部の地域などでは、性的侮辱を意味します。

ピースサイン 	人差し指と中指でＶサインを作るしぐさは、一般的には「勝利」を意味します。しかし、手の甲を相手に向けてＶサインをすると、イギリスでは「侮辱」を意味します。
人差し指で鼻を指す 	日本では「私」を意味しますが、欧米での「私」という意味のしぐさは、手のひら、または人差し指で胸のあたりを指します。
人差し指を相手に向ける 	脅迫的な意味があるしぐさです。 世界各地で、失礼なしぐさとされています。
腕組み 	腕を組み、相手との間に壁を作ることから、「防御」「警戒心」を表すしぐさとされています。

握手

国際的なビジネスの場では、握手で挨拶をします。基本のマナーを確認しましょう。

- 座っていたとしても、握手をするときは立ち上がって行う
- 右手を差し出す
- 目上の人から握手を求める
- 男性は女性が握手を求めるまで待つのが原則だが、現在のビジネス慣習では、性別にかかわらず地位の高い人から握手を求めても良い（イスラム教など宗教上のタブーがある場合を除く）
- 相手の目を見て握手する
- 相手の手をしっかり握る（弱々しく握る・手が痛くなるほど強く握る・指先だけ握るのはNG）
- お辞儀をしながら、握手をしない

問題演習

【問1】 3・4級

日ごろ、ビジネスパートナーとしてお世話になっている会社の方が来社して、商品企画の打ち合わせをすることになりました。訪問者の中に車椅子を使っている方がいることがわかりました。不適切な行為はどれですか。次の中から1つ選びなさい。

1. 最寄り駅から車椅子が通行しやすい経路を確認して、事前に案内をしておく。
2. 受付でお迎えしたときの挨拶は、相手と目線が合うよう少し屈んで行う。
3. エレベーターに乗るときは、案内者が先に乗ってから、お客様を招き入れる。
4. 会議室で名刺交換をする場合は、席に座った状態でテーブル越しに行う。

【問2】 1級

アメリカ人と商談する機会がありました。次の行為の中で、アメリカ人に対する行為として問題のあるものはどれですか。1つ選びなさい。

1. 脚を組んで会話した。
2. 相手の話に納得して腕を組んだ。
3. グッドジョブの意思表示で親指を立てた。
4. 商談中はできるだけアイコンタクトをした。

【問3】 **1級**

職場に視覚障がいのあるAさんが入社してきました。Aさんと接する際に、不適切な行動はどれですか。次の中から1つ選びなさい。

1. 初めて挨拶するとき、自分の名前を告げて握手をした。
2. 場所を説明するとき、「あちら」「こちら」などの言葉は使わないようにした。
3. 一緒に外出するとき、「腕を貸しましょうか」と申し出た。
4. 会議中に一人だけ席を外すとき、静かに部屋を出た。

【問4】 **3・4級**

外国人との会話で、無意識に「和製英語」を交えて話をすることがあります。しかし、日本人だけにしか通用しないカタカナ語は意外に多く、外国人を悩ませます。「和製英語」でないものはどれですか。次の中から1つ選びなさい。

1. 「クレームでしたらその係の者に代わります」
2. 「玄関に着いたらフロントでおたずねください」
3. 「私どもの会社のコマーシャルをご覧になってお電話をくださったのですね」
4. 「外国人のアルバイトを募集しているかというお問い合わせですね」

解答・解説

【問1】 4

1. 設問のような場合、最寄り駅のエレベーターの設置場所、会社までの道のりの段差の有無などを確認し、相手に情報提供しておくことは大事です。

2. 挨拶や会話は相手の目線に合わせるように配慮するのが望ましいです。

3. 設問のような場合のエレベーターの乗り降りは、安全面に配慮します。案内者が先に乗るときは、「お先に失礼します」と、一言断ります。

4. 車椅子を使っている方だからという理由で、テーブル越しに座った状態で名刺交換をするのは適切ではありません。基本は、訪問者から進み出て名刺交換をしますが、どちらかが動きづらい状況にあるときは、動きやすいほうが進み出て、名刺交換をします。

【問2】 2

1. 日本では、脚を組む行為は失礼だとされます。しかし、アメリカでは、安心してあなたとじっくりコミュニケーションを取りたいという好意的な意思表示です。したがって、問題ありません。脚を組む場合は、相手から遠いほうの脚を上にして、話し相手を包むようにします。

2. アメリカ人は腕を組む行為を敵対の意思表示と受け止めるとされています。日本でも腕組みはよくないとされていますが、アメリカでは、さらに注意が必要です。

3. 親指を立てるという行為は、アメリカや日本では「Good job!」の意味合いがあります。したがって、問題ありません。ただし、他国では攻撃的な意味になる場合があるので、注意が必要です。

4. 日本においてもアイコンタクトを取ることが推奨されるようになりました。特に、欧米の方との会話では、できるだけアイコンタクトを取ることが大事です。したがって、問題ありません。

【問3】 4

1. 日本での挨拶はお辞儀が一般的ですが、視覚障がいのある人はお辞儀が見えない可能性が高いです。そのため、初めて挨拶するときは、名乗った後に握手をするとよいでしょう。

2. 場所を説明するときは、「前に1m進んでください」など、具体的に示します。方角を示す場合は、「5時の方角に」などのように、時計の文字盤で表現します。

3. 外出するときに、援助を申し出る際は、腕を貸すのがよいのか、肩を貸すのがよいのか、手を握るのがよいのかなど、相手の希望を確認します。

4. 会議中に席を離れるときは、必ず声をかけます。

【問4】 3

日本語流に言い換えられた英語のことを、和製英語と言います。日常的に使っている和製英語は意外に多く、外国人を困らせることがあります。

1.「クレーム」は、英語では「complaint」と言います。

2.「フロント」は、英語では「reception」と言います。

3.「コマーシャル」(広告)は、英語でも「commercial」です。したがって、和製英語ではありません。

4.「アルバイト」はドイツ語です。 英語では「part time job」と言います。

コラム 礼儀（マナー）は愛

現在、ビジネスの場において、外国人と一緒に働くことや、外国のお客様と商談をすることは珍しくありません。日本には日本の文化や作法があるように、外国にもそれぞれの国の文化や作法があります。

たとえば、日本人は挨拶として「お辞儀」をしますが、欧米では握手や抱擁が一般的です。このような違いがあることや、なぜそうするのかを互いに知らなければ、好意的なコミュニケーションを取ることは難しいでしょう。

明治時代、日本が西洋化を目指して国際交流に出るとき、日本や日本人のことを知ってもらうために、世界に向けて出版された本があります。新渡戸稲造の『武士道』です。以下は、日本人の礼儀の根底にあるものとして書かれた一節です。ここでは原文（英語）のまま掲載します。

「Politeness is a poor virtue, if it is actuated only by a fear of offending good taste, whereas it should be the outward manifestation of a sympathetic regard for the feelings of others. (……) In its highest form, **politeness almost approaches love.**」

この本は世界的なベストセラーになりました。そして、私たちが暮らす現代は、外国人だけではなく、障がい者・高齢者・性別によらず、暮らしやビジネスの場で互いに尊重し、理解し合うことが大切です。

多様性を重んじる時代だからこそ、「sympathetic regard for the feelings of others（相手に対する思いやりの気持ち）」が求められています。もしもし検定を受検する皆様にとって、「マナー」が電話の向こうのお客様のことを思いやり、行動するための一助になることを願います。

第4章
実技試験

実技試験には、「電話をかける」ケースと
「電話を受ける」ケースの２つがあります。
問題を読むときには、状況設定や会社の概要などから
「自分がどんな立場なのか」を理解した上で
お客様のニーズを探ることが大事です。
実技試験では、問題が試験日前に配布されるので、
できるだけ複数人でディスカッションしながら
準備するといいでしょう。

重要度 ★★★

「実技試験」の学習法

**実技試験は、事前準備が重要です。
問題文を読み込み、ディスカッションやロールプレイング
を行ってから、試験に臨みましょう。**

1 「実技試験」のしくみ

実技試験では、問題が試験日前に配布されます（試験当日までに準備ができます）。問題は試験中に見ることができます。また、ご自身が作ったメモを持ち込むことができます。

実技試験の模擬応対者（お客様役）には、「模擬応対者の方へ」を渡します。これは、模擬応対者以外は見ることができません。

実技試験の審査は、もしもし検定の指導者級資格保持者複数人が行います。録音された音源を聞き、審査基準（→P12「スキルチェック表」参照）に沿って審査します。平均点70点以上を合格とします。不合格をつけた審査員は、必ず不合格事由を明記しなければならないこととなっています。

2 「実技試験」の取り組み方

実技試験は、「電話を受ける」ケースと「電話をかける」ケースの２つがあります。「電話をかける」ケースのほうが事前準備はしやすいですが、どちらのケースも、まずは状況設定や会社の概要などの「業務知識」をしっかり覚えましょう。自分がどんな立場なのかを理解する必要があります。

問題を読むときには、背景などを理解して、問題の「狙い」などを考えます。できるだけ複数人でディスカッションするといいでしょう。ディスカッションは大事です。ほかの人の視点を聞くことで、自分の視野が広がります。

問題の「狙い」に沿って、大まかな応対の流れを理解したら、2人１組になって、お客様役と模擬応対者役で、声に出して応対しましょう。自分の役と模擬応対者役を交代して同じことを行うとよいでしょう。この場合、本番の試験での模擬応

対者の発言はわからないので、模擬応対者役の人は自由に発言してください。

役を替えて何回か行うと、様々な気づきがあります。できれば応対を録音しましょう。聞き直すことで更なる気づきが生まれます。応対の違いをディスカッションしながら、お客様のニーズを探りましょう。電話応対で一番大切なことは、「お客様のニーズを探ること」です。ニーズに沿って、再度声に出し、練習しましょう（再度録音すると、一層効果が上がります）。

また、応対メモを作成して試験に備えましょう。メモには、自身の強みや弱みなどの気になる点をまとめましょう。

では、実際の、3級の試験問題を見てみましょう。まず、「電話を受ける」ケースからです。

「電話を受ける」ケースの問題（1）

＜状況設定＞

応 対 者：ヘアサロン　ザ・フォーラム　山下　一実（やました　かずみ）社員

応対日時：9月7日（水）　＜ケース1＞ 11：40　＜ケース2＞ 12：15

あなたは、ヘアサロン　ザ・フォーラムの山下社員です。今春この店に入社し、現在アシスタントとして、お客様の来店受付、予約や問い合わせの電話応対のほか、フロアの掃除やスタイリストの支援をしています。今日は来店受付と電話応対を朝から担当しています。先週、店の前で割引券を配ったので、割引券をお持ちの方からの予約受付が増えています。

予約を受けるときには、①お客様のフルネーム、②来店希望日時、③希望のメニュー（カット・パーマ・カラーリングなど）、④連絡先電話番号を伺います。

[社長]
吉澤　真琴（よしざわ　まこと）
テレワーク中。土曜日に出社予定。
指名のお客様の予約のみ受付

[店長]
水沼　和樹（みずぬま　かずき）
スタッフ控室で経理業務中。
指名のお客様の予約のみ受付

[スタイリスト]
松本　日向（まつもと　ひなた）
接客中。今日はすでに予約でいっぱい

[スタイリスト]
高野　拓未（たかの　たくみ）
接客中。今日は16：00以降予約受付可能

[スタイリスト]
藤原　孝祐（ふじわら　こうすけ）
本日休暇中。明日は出社予定

[スタイリスト]
水野　英玲奈（みずの　えれな）
昼休憩で外出中。12：30に戻る予定。
今日は13：00～15：00予約受付可能

[アシスタント]
山下　一実（やました　かずみ）
あなたです

[アシスタント]
山本　翼（やまもと　つばさ）
フロア掃除中。
終日スタイリストの支援業務

＜ヘアサロン　ザ・フォーラム＞

会社所在地	東京都府中市八幡町1-1　もしもしビル1F
電話番号	0120-20-6660
URL	https://www.jtua#.or.jp
mail	user@jtua#.or.jp
業務内容	ヘアカット・パーマ・カラーリングなどの美容および着付け・メイク
営業時間	（平日）11：00～19：30　（土日祝日）10：00～19：30 （定休日）火曜日
企業理念	美しさをお客様とともに
従業員数	8名

（応対時間は、ケース1・ケース2合わせて3分以内）

模擬応対者	応対者
	＜ケース1＞ （着信音） ①「・・・・・・・・・・・・・・・・・・・・・」
②「・・・・・・・・・・・・・・・・・・・・・」	
	③「・・・・・・・・・・・・・・・・・・・・・」
④「・・・・・・・・・・・・・・・・・・・・・」	
	⑤「・・・・・・・・・・・・・・・・・・・・・」
⑥「・・・・・・・・・・・・・・・・・・・・・」	
	⑦「・・・・・・・・・・・・・・・・・・・・・」

模擬応対者	応対者
	(ケース1終了。そのまま続けます) ＜ケース2＞ (着信音)
	⑧「・・・・・・・・・・・・・・・・・・」
⑨「・・・・・・・・・・・・・・・・・・」	
	⑩「・・・・・・・・・・・・・・・・・・」
⑪「・・・・・・・・・・・・・・・・・・」	
	⑫「・・・・・・・・・・・・・・・・・・」
模擬応対者から電話を切ります。	
	(終了)

＜注意事項＞

※模擬応対者はあらかじめ決められた状況に沿って応対しますが、その内容は応対者には開示されません。

※模擬応対者は状況設定内で、応対者に合わせて質問に答えたり相づちを打ったりします。したがって、応対者の質問によりスクリプトの番号は、増えても減っても構いません。

※模擬応対者は、応対者に合わせて原則自由に会話展開ができますが、時間オーバーとならないように配慮することとなっています。たとえば、模擬応対者の発言の中には確認のための復唱も含まれますが、模擬応対者は、簡潔に必要事項を復唱することとしています。

※受検者の言葉が聞き取れないときや応対者の質問に答えられないときに、模擬応対者から質問することがあります。

※想定にないことは自由に会話して構いませんが、加点にも減点にもなりません。

※文中の会社／団体名・人物氏名・住所・電話番号などは、すべて架空のものです。

模擬応対者の方へ

実技問題を確認の上、下記の模擬応対者情報並びに発言例を基に応対してください。また、問題に書かれている注意事項に沿って応対してください。

模擬応対者は２名です。男女を特定していません。

<ケース１　模擬応対者情報>

あなた（田村　忍〔たむら　しのぶ〕）は、水野スタイリストの親戚です。水野スタイリストの実家（山形県）の近くに住んでいますが、来月東京に行く予定があるので、髪を切ってもらおうかと思っています。

氏名　　：田村　忍（たむら　しのぶ）
自宅住所：山形県山形市薬師町2-18-1
電話番号：023-627-6822

<ケース１　模擬応対者の状況>

あなた（田村　忍〔たむら　しのぶ〕）は、来月東京に行く予定があり、せっかくなので、親戚の水野スタイリストに髪を切ってもらおうかと思っています。具体的な日時はまだ決めていないので、ヘアサロンに電話して、水野スタイリストと相談することにしました。

■ケース１　模擬応対者の発言例

◆ケース１の第一声。

②「こんにちは。田村と申しますが、水野さんいらっしゃいますか」

その後は、相手に合わせて、以下のように答えてください。

●何の用件かを聞かれた場合。

⇒「私、水野さんの親戚なのですが、一度水野さんにカットしてもらおうと思っています」

●来店希望日時を聞かれた場合。

⇒「水野さんと相談して決めたいです」

●今予約をするか聞かれた場合。

⇒「水野さんと話をして決めたいです」

●水野スタイリストは外出中だと言われた場合。
⇒「帰ってきたら電話をいただけますか」
●フルネームを聞かれた場合。
⇒「田村　忍（たむら　しのぶ）です」
●電話番号を聞かれた場合。
⇒「023-627-6822です」
●ほかに確認したいことがあるか、聞かれた場合。
⇒「ありません」
◆最後は相手の言葉に合わせて、模擬応対者から電話を切ります。

<ケース2　模擬応対者情報>

あなた（長谷川　優〔はせがわ　ゆう〕）は、平日電車通勤をしている会社員です。会社帰りに、自宅の最寄り駅の駅前商店街でよく買い物をします。

氏名　　：長谷川　優（はせがわ　ゆう）
自宅住所：東京都府中市八幡町2-30-33-502
電話番号：090-7002-2551

<ケース2　模擬応対者の状況>

あなた（長谷川　優〔はせがわ　ゆう〕）は、自宅の最寄り駅の駅前商店街で買い物をしていたとき、ヘアサロン　ザ・フォーラムという美容室の前で、スタッフが配っていた割引券をもらいました。ちょうど髪を切りたいと思っていたところだったので、電話をかけて予約をすることにしました。

■ケース2　模擬応対者の発言例

◆ケース2の第一声。
⑨「初めてなのですが、この電話で予約することはできますか」
その後は、相手に合わせて、以下のように答えてください。
●来店希望日時を聞かれた場合。
⇒「今日の夕方5時半以降に行きたいです」
●具体的な予約時間を聞かれた場合。
⇒「夕方の5時30分でお願いします」

●メニューを聞かれた場合。

⇒「カットでお願いします」

●フルネームを聞かれた場合。

⇒「長谷川　優（はせがわ　ゆう）です」

●連絡先電話番号を聞かれた場合。

⇒「090-7002-2551です」

●ほかに確認したいことがあるか、聞かれた場合。

⇒「ありません」

そのほか、相手の質問に合わせて適宜答えてください。

◆最後は相手の言葉に合わせて、模擬応対者から電話を切ります。

<注意事項>

＊発言はできるだけこのまま言ってください。

＊意味が変わらなければ言いやすい言葉に変えても構いませんが、余計な発言を追加したり応対者を誘導したりしないでください。

＊説明にわからない部分があった場合は、質問してください。

＊相手に合わせて適宜答えることの中に確認のための復唱も含まれますが、模擬応対者は、簡潔に必要事項のみ復唱してください。

＊受検者が言葉に詰まり、黙ってしまった場合は、一呼吸か二呼吸（5秒ほど）待って前の発言を繰り返してください。

＊受検者が誤った受け取り方をした場合、「違う」と言って前の発言を繰り返してください（模擬応対者が要約しないでください）。

実技試験問題の採点基準（電話を受ける〔1〕）

評価のポイント

実技試験問題は、「評価表」（P12「スキルチェック表」参照）の項目評価70点＋全体評価30点＝100点満点で行います。70点以上が合格です。

3級の実技試験では、「ビジネス電話応対を行うためのコミュニケーションの基礎能力を有するかどうか」を評価します。

今回は、電話の受け方の問題です。基本の受け方と伝言に関する問題です。以下の評価項目に従って審査します。

必須項目	電話の受け方の基本ができているか
	予約受付に必要な事項を漏れなく聞き取っているか
要注意ポイント	必要な確認事項の抜け漏れがないか
	心が込もった自然な話し言葉となっているか
	スクリプトをそのまま読んでいないか（該当する場合は、減点対象）
基本ポイント	言葉遣いが正しいか
	相手が理解しやすい速度で話しているか
	会話の流れが自然でわかりやすいか
	全体的に明るく、感じよく話しているか
	しっかりと名乗り、責任ある応対をしているか

(そのほか、下記について、チェックします)

- 棒読みでなく、心が込もった自然な話し言葉となっているか
- 模擬応対者との間で自然な会話となっているか
- 積極的に相手とコミュニケーションを図っているか

採点について

【項目評価】 70点

下記の項目評価点については、「スキルチェック表」（P12）をご覧ください。

最初の応対	1点～5点
基本応対スキル	4点～20点
コミュニケーションスキル	4点～20点
情報・サービスの提供	4点～20点
最後の印象	1点～5点

【全体評価】 30点

0点から30点の範囲で、採点者の裁量で加点します。

＊加点のみ

○事務的でなく、心くばりが感じられる応対ができている

○項目評価内で全体として、感動を与える応対である

○項目評価以外で全体として、感じの良い応対である

たとえば……

<ケース1の場合>

●「12時30分には戻る予定ですので、戻り次第、電話するように伝えます」など、相手に安心してもらえるような一言があった

<ケース2の場合>

●ご利用いただくことへの感謝の気持ちを伝えていた

●「お気をつけてお越しください」など、気配りのある一言があった

【採点にあたり】

自然な電話応対を重視します。そのため、言い淀み、言い直し、とちりなどがあっても、自然さの結果であれば、それ自体を減点対象とせず、それに対してリカバリーができているかどうかを審査します。

「受ける電話」の攻略法（電話を受ける〔1〕）

この問題は、あなたが「ヘアサロン　ザ・フォーラム」のアシスタント、山下一実（やました　かずみ）として、2本の電話を受けるという設定です。

最初に「業務知識」として、お店のスタッフにどんな人がいるのか、そして、それぞれの人の仕事の状況をよく読みましょう。

また、「予約を受ける」業務があるので、お客様にお伺いする項目や、お店の営業時間などの基本情報を把握しましょう。

どのスタッフがいつ店にいて、予約を受けられるのかなどがすぐにわかるように、自分なりに表やメモを作ってみるのもよいでしょう。

【メモの例】

9月7日（水）予約受付について
水野スタイリスト……13：00 ～ 15：00　対応可能
高野スタイリスト……16：00 ～　対応可能
水沼店長……指名のお客様（詳細は店長に確認）

電話をかけてくる人は、想定しているようなお客様とは限りません。かけてきた人の名前や用件を聞き取り、メモを取る練習をしましょう。メモは、必要な情報が一目でわかるように、要点を簡潔に書きます。

電話を受けるときには、正しい内容を聞き取れたか、復唱して確認することも大切です。

また、聞き取れない部分があったとしても、相手にもう一度たずねるのは恥ずかしいことではありません。クッション言葉（→P59参照）などを使いながら、落ち着いて、質問や確認をしましょう。

ビジネスの電話では、後で折り返す必要がある場合など、一度の電話では、用件が終わらないことが多くあります。そのため、自分が応対している中で、「相手に何を確認するのか」、「相手にどんな約束をするのか」などを考え、簡潔に伝えなければなりません。

したがって、相手の話をよく聞いて、ニーズを把握することが何よりも大切です。また、相手の希望に添えない場合に、どのような言い方が適切なのか、いろいろなケースで練習してみましょう。練習によって自分の電話応対の引き出しを増やしておくと、自信がつき、気持ちに余裕が出てきます。

「電話を受ける」ケースの問題（2）

<状況設定>

あなたは、もしもし企画株式会社　営業部　営業二課の森本社員です。営業部の代表電話にかかってくる2件の電話に応対してください。

応対者　：もしもし企画株式会社　営業部　営業二課
森本　和希（もりもと　かずき）社員

応対日時：11月2日（水）<ケース1>9：40　<ケース2>9：50

[部長] 中田　誠（なかた　まこと） テレワーク中。来週月曜日に出社予定	[副部長] 太田　靖史（おおた　やすし） 有給休暇取得中。来週月曜日に出社予定
[課長] 納富　淳（のうとみ　じゅん） 席外し（トイレ）	[主任] 吉田　菜摘（よしだ　なつみ） テレワーク中。今週金曜日に出社予定
[担当] 稲垣　葵（いながき　あおい） 10：00出社予定（フレックス勤務）	[担当] 城山　健一（しろやま　けんいち） 10：00出社予定（フレックス勤務）
[担当] 芳賀　孝太郎（はが　こうたろう） テレワーク中。今週金曜日に出社予定	[担当] 岸本　大樹（きしもと　たいき） 客先に直行。14：00帰社予定
[担当] 森本　和希（もりもと　かずき） あなたです	[担当] 東海林　杏（しょうじ　あん） 電話中。長引きそう

なお、本日10時半から約1時間、納富課長以下営業二課の社員による、営業二課定例ミーティングが行われる予定です（会議室で実施、テレワーク中のメンバーはWeb会議で参加、外出中のメンバーは不参加）。

ミーティングの準備と司会進行は当番制で、全員が持ち回りで行っています。

<もしもし企画株式会社　会社概要>

会社所在地	東京都千代田区東神田2-6-9
電話番号	03-5820-2071
URL	https://www.jtua#.co.jp
mail	moshimoshi@jtua#.co.jp
業務内容	書籍・雑誌の発行および販売業務 広告の企画・立案・制作およびその代理店業務 求人Webサイトの運営
企業理念	人材こそが企業の宝
従業員数	50名

（応対時間は、ケース1・ケース2　合わせて3分以内）

模擬応対者	応対者
	<ケース1> （着信音） ①「・・・・・・・・・・・・・・・・・・・・」
②「・・・・・・・・・・・・・・・・・・・・」	③「・・・・・・・・・・・・・・・・・・・・」
④「・・・・・・・・・・・・・・・・・・・・」	⑤「・・・・・・・・・・・・・・・・・・・・」
⑥「・・・・・・・・・・・・・・・・・・・・」	⑦「・・・・・・・・・・・・・・・・・・・・」 （ケース1終了。そのまま続けます） <ケース2> （着信音） ⑧「・・・・・・・・・・・・・・・・・・・・」

模 擬 応 対 者	応 対 者
⑨「・・・・・・・・・・・・・・・・・・・」	
	⑩「・・・・・・・・・・・・・・・・・・・」
⑪「・・・・・・・・・・・・・・・・・・・」	
	⑫「・・・・・・・・・・・・・・・・・・・」
模擬応対者から電話を切ります。	
	(終了)

＜注意事項＞

※模擬応対者はあらかじめ決められた状況に沿って応対しますが、その内容は応対者には開示されません。

※模擬応対者は状況設定内で、応対者に合わせて質問に答えたり相づちを打ったりします。したがって、応対者の質問によりスクリプトの番号は、増えても減っても構いません。

※模擬応対者は、応対者に合わせて原則自由に会話展開ができますが、時間オーバーとならないように配慮することとなっています。たとえば、模擬応対者の発言の中には確認のための復唱も含まれますが、模擬応対者は、簡潔に必要事項を復唱することとしています。

※受検者の言葉が聞き取れないときや応対者の質問に答えられないときに、模擬応対者から質問することがあります。

※想定にないことは自由に会話して構いませんが、加点にも減点にもなりません。

※文中の会社／団体名・人物氏名・住所・電話番号などはすべて架空のものです。

模擬応対者の方へ

実技問題を確認の上、下記の模擬応対者情報並びに発言例を基に応対してください。また、問題に書かれている注意事項に沿って応対してください。

模擬応対者は2名です。男女を特定していません。

<ケース1　模擬応対者情報>

あなた（中尾　司〔なかお　つかさ〕）は、モシケン印刷株式会社の社員です。

氏名　　：中尾　司（なかお　つかさ）
会社住所：東京都千代田区神田駿河台1-6-5
電話番号：090-7002-2551

<ケース1　模擬応対者の状況>

モシケン印刷株式会社は、もしもし企画株式会社の出版物の印刷・製本を担当しています。もしもし企画株式会社とは長年取引をしています。

今日の14：00から、もしもし企画株式会社の会議室で、稲垣さんと原稿のチェックの打ち合わせを予定していましたが、印刷工場からの配送が遅れています。そこで、打ち合わせの時間を17：00からに変更できないかを相談するため、もしもし企画株式会社に電話をしました。

<ケース1　模擬応対者の発言例>

◆ケース1の第一声。

②「モシケン印刷の中尾ですが、稲垣さんいらっしゃいますか」

その後は、相手に合わせて、以下のように答えてください。

●稲垣社員は不在と言われた場合。
⇒「何時ごろ、かけ直せばよろしいでしょうか」

●稲垣社員は10時に出社予定だと言われた場合。
⇒「それでは10時にかけ直します」

●「折り返し稲垣から電話させる」と言われた場合。
⇒「それではお願いします」

●急ぎの用件か聞かれた場合。
⇒「できれば早めにお話ししたいのですが」

●用件の内容を聞かれた場合。
⇒「今日の打ち合わせの時間変更についてのご相談です」
●電話番号を聞かれた場合。
⇒「090-7002-2551です」
●「お電話いただいたことを申し伝えます」と言われた場合。
⇒「お願いします」

<ケース２　模擬応対者情報>

あなたは、実技問題に記載してある、同僚の稲垣　葵（いながき　あおい）です。

<ケース２　模擬応対者の状況>

あなた（稲垣　葵〔いながき　あおい〕）は、10：00出社の予定で出勤途中ですが、電車が事故で止まってしまいました。今日は10：30からの営業二課定例ミーティングの準備と司会を担当しているのですが、10：30に間に合いそうにありません。電車のホームから会社に電話をして、以下の２点を伝えることにしました。

１点目：納富課長に、遅刻しそうなことを伝える
２点目：電話に出た社員に、定例ミーティングの準備と司会を依頼する

■ケース２　模擬応対者の発言例

◆ケース２の第一声。
⑨「おはようございます、稲垣です。納富課長は、いらっしゃいますか」
その後は、相手に合わせて、以下のように答えてください。

●課長は離席していると言われた場合。
⇒「それでは伝言をお願いします」
※次の内容を１つずつ話してください。
- 「電車が事故で止まっていて、10時までに会社に着けそうもありません」
- 「10時半の定例ミーティングにも遅れるかもしれないことを、課長に伝えていただけますか」

●相手が名乗らなかった場合。

⇒「もしかしたら、森本さん？」

●相手が森本さんだと確認できた場合。

⇒「森本さん、申し訳ありませんが、定例ミーティングの準備と司会を代わりにお願いできませんか」

●伝言がある（今大丈夫か）と言われた場合。

⇒「お願いします」

●中尾様に電話をかけられるかを確認された場合。

⇒「大丈夫です」

●モシケン印刷の中尾さんの電話番号を伝える（知っているか）と言われた場合。

⇒「知っています」

●ほかに確認したいことがあるか、聞かれた場合。

⇒「ありません」

◆最後は相手の言葉に合わせて、模擬応対者から電話を切ります。

＜注意事項＞

＊発言はできるだけこのまま言ってください。

＊意味が変わらなければ言いやすい言葉に変えても構いませんが、余計な発言を追加したり応対者を誘導したりしないでください。

＊説明にわからない部分があった場合は、質問してください。

＊相手に合わせて適宜答えることの中に確認のための復唱も含まれますが、模擬応対者は、簡潔に必要事項のみ復唱してください。

＊受検者が言葉に詰まり、黙ってしまった場合は、一呼吸か二呼吸（5秒ほど）待って前の発言を繰り返してください。

＊受検者が誤った受け取り方をした場合、「違う」と言って前の発言を繰り返してください（模擬応対者が要約しないでください）。

実技試験問題の採点基準（電話を受ける〔2〕）

評価のポイント

実技試験問題は、「評価表」（P12「スキルチェック表」参照）の項目評価70点＋全体評価30点＝100点満点で行います。70点以上が合格です。

3級の実技試験では、「ビジネス電話応対を行うためのコミュニケーションの基礎能力を有するかどうか」を評価します。

今回は、電話の受け方の問題です。基本の受け方と伝言に関する問題です。以下の評価項目に従って審査します。

必須項目	電話の受け方の基本ができているか
	名指し人の状況を正しく説明したか
	伝えるべきことをきき出しているか
	必要な伝言を伝えているか
要注意ポイント	必要な確認事項の抜け漏れがないか
	心が込もった自然な話し言葉となっているか
	スクリプトをそのまま読んでいないか（該当する場合は、減点対象）
基本ポイント	社外・社内の相手に対して言葉を適切に使い分けているか
	しっかりと名乗り、責任ある応対をしているか

(そのほか、下記について、チェックします)

- 棒読みでなく、心が込もった自然な話し言葉となっているか
- 模擬応対者との間で自然な会話となっているか
- 積極的に相手とコミュニケーションを図っているか

採点について

【項目評価】 70点

下記の項目評価点については、「スキルチェック表」（P12）をご覧ください。

最初の応対	1点～5点
基本応対スキル	4点～20点
コミュニケーションスキル	4点～20点
情報・サービスの提供	4点～20点
最後の印象	1点～5点

【全体評価】 30点

0点から30点の範囲で、採点者の裁量で加点します。

＊加点のみ

○事務的でなく、心くばりが感じられる応対ができている

○項目評価内で全体として、感動を与える応対である

○項目評価以外で全体として、感じの良い応対である

たとえば……

<ケース1の場合>

●折り返しの電話を提案するなど、相手に対する配慮があった

<ケース2の場合>

●電車の事故で困っている同僚に対し、「大変ですね」「気をつけて出社してください」などの、ねぎらいや声かけがあった

●交通トラブルに遭っている相手の状況を踏まえた上で、必要な伝言をわかりやすく伝えた

●定例ミーティングの準備などの依頼に対し「私が責任をもって対応するのでご安心ください」など、安心感を与える声かけがあった

【採点にあたり】

自然な電話応対を重視します。そのため、言い淀み、言い直し、とちりなどがあっても、自然さの結果であれば、それ自体を減点対象とせず、それに対してリカバリーができているかどうかを審査します。

「受ける電話」の攻略法（電話を受ける〔2〕）

この問題は、あなたが「もしもし企画株式会社　営業部　営業二課」の社員、森本　和希（もりもと　かずき）として、2本の電話を受けるという設定です。

あなたは職場に出社していますが、ほかのメンバーの状況はどうなっているかを、まずは把握しましょう。部の代表電話を受ける場合、だれ宛にかかってくるかわかりません。それぞれの人にかかってきたとき、どのように答えるかを考えて練習してみましょう。

【職場のメンバーの状況】

中田　誠（部長）	来週月曜日に出社予定（テレワーク中）
太田　靖史（副部長）	来週月曜日に出社予定（有給休暇中）
納富　淳（課長）	席外し（トイレ）
吉田　菜摘（主任）	今週金曜日に出社予定（テレワーク中）
稲垣　葵（担当）	10：00 出社予定（フレックス勤務）
城山　健一（担当）	10：00 出社予定（フレックス勤務）
芳賀　孝太郎（担当）	今週金曜日に出社予定（テレワーク中）
岸本　大樹（担当）	客先に直行。14：00 帰社予定
東海林　杏（担当）	電話中

かけてきた人の会社名や名前、用件についてメモを取り、復唱確認をしましょう。

相手のニーズは何かを理解した上で、それに答えるにはどうしたらいいか考えて応対してみましょう。

電話応対に正解はありません。状況や相手に応じて、良いと思う応対をいくつでも試してみてください。

模擬応対者役の人は、いろいろなケースを自由に設定して電話をし、応対後に感想を伝えたりすると、お互いに新たな気づきが得られるでしょう。

今回の実技試験の設定では、応対者は伝言をする必要が出てきます。伝言は、相手の話を聞いてから言うようにしましょう。どのように言えばわかりやすいでしょうか。

また、「急いでいる」、「電車が止まってしまった」といった、相手の置かれている状況に対し、どのような配慮があるといいのかを考えると、より良い電話応対になるでしょう。

実技試験は、1本目の電話と2本目の電話を合わせて3分以内です。3分を超えると減点になりますので、要領よく応対できるようにしましょう。

「電話をかける」ケースの問題

<状況設定>

会社名　：もしもし物産株式会社
応対者　：もしもし物産株式会社　企画部　梅田　薫（うめだ　かおる）社員
応対日時：<ケース1>　3月3日（金）10：00
　　　　　<ケース2>　3月3日（金）10：10

あなたは、もしもし物産株式会社企画部の梅田社員です。企画部は、毎月定例の新商品検討会議をWebで開催しています。会議には、社内の８つの部署から、新商品検討会議メンバーが毎回出席します。次回の検討会議は3月7日（火）の予定です。あなたは会議の事務局として、開催案内のメールを送っていますが、一部のメンバーから出欠連絡の返信が来ていません。

返信がない２名のメンバー（アメリカ雑貨部の坂本部長と西日本営業部の中村次長）に、電話をかけて出欠の確認をしてください。ご本人が不在などで、すぐに出欠が確認できない場合は、電話に出た方に伝言して、3月6日（月）のお昼までにお返事をもらうようにしてください。

<もしもし物産株式会社>

会社所在地	東京都千代田区東神田2-6-9
電話番号	03-5820-2071（企画部直通）
URL	https://www.jtua#.co.jp
mail	bussann@jtua#.co.jp
業務内容	インテリア雑貨の輸入販売
企業理念	美しさと楽しさを世界から
従業員数	300名

<新商品検討会議メンバー出欠状況>

所属	氏名	出欠確認状況
アジア雑貨部	部長　平木　哲夫 (ひらき　てつお)	出席
ヨーロッパ雑貨部	部長　長谷川　由紀子 (はせがわ　ゆきこ)	課長　三浦　陽子 (みうら　ようこ) 代理出席
アメリカ雑貨部	部長　坂本　蒼 (さかもと　あおい)	未返信
広報・イベント部	次長　福山　麻衣 (ふくやま　まい)	出席
物流センター	副センター長　鈴木　崇 (すずき　たかし)	出席
東日本営業部	次長　平山　和雄 (ひらやま　かずお)	出席
西日本営業部	次長　中村　純 (なかむら　じゅん)	未返信
オンラインショップ	店長　石田　浩平 (いしだ　こうへい)	出席

<会議案内メール>

- メンバー全員に次のメールを送っています。
- メール配信日時：2023年2月13日（月）13：30

新商品検討会議メンバー各位

お世話になっております。企画部の梅田です。
毎月第1火曜日に開催している新商品検討会議のご案内です。

出欠について、3月2日（木）までに、メール返信にてご連絡いただけますよう、よろしくお願いいたします。ご本人様欠席の場合は、代理の方の出席をお願いいたします。
1. 会議名　　2022年度　第12回　新商品検討会議
2. 開催日時　2023年3月7日（火）11：00～12：00
3. 開催方法　Web会議
＊出席者には、前日までに招待メールをお送りします。

ご不明な点がございましたら、ご遠慮なくお問い合わせください。
お手数をおかけいたしますが、よろしくお願いいたします。

もしもし物産株式会社
企画部　梅田　薫
オフィス：東京都千代田区東神田2-6-9
電話　　：03-5820-2071
メール　：k.umeda@jtua#.co.jp

（応対時間は3分以内とする。応対部分のみを測定）

模擬応対者	応対者
	＜ケース1＞ （電話をかける）
①「・・・・・・・・・・・・・・・・・・・・」	
	②「・・・・・・・・・・・・・・・・・・・・」
③「・・・・・・・・・・・・・・・・・・・・」	
	④「・・・・・・・・・・・・・・・・・・・・」
⑤「・・・・・・・・・・・・・・・・・・・・」	

模擬応対者	応対者
	⑥「・・・・・・・・・・・・・・・・・・・」
模擬応対者から電話を切ります。	（ケース１終了。そのまま続けます）
	＜ケース２＞
	（電話をかける）
⑦「・・・・・・・・・・・・・・・・・・」	
	⑧「・・・・・・・・・・・・・・・・・・・」
⑨「・・・・・・・・・・・・・・・・・・」	
	⑩「・・・・・・・・・・・・・・・・・・・」
⑪「・・・・・・・・・・・・・・・・・・」	
	⑫「・・・・・・・・・・・・・・・・・・・」
⑬「・・・・・・・・・・・・・・・・・・」	
	⑭「・・・・・・・・・・・・・・・・・・・」
模擬応対者から電話を切ります。	
	（終了）

＜注意事項＞

※模擬応対者はあらかじめ決められた状況に沿って応対しますが、その内容は応対者には開示されません。

※模擬応対者は状況設定内で、応対者に合わせて質問に答えたり相づちを打ったりします。したがって、応対者の質問によりスクリプトの番号は、増えても減っても構いません。

※模擬応対者は、応対者に合わせて原則自由に会話展開ができますが、時間オーバーとならないように配慮することとなっています。たとえば、模擬応対者の発言の中には確認のための復唱も含まれますが、模擬応対者は、簡潔に必要事項を復唱することとしています。

※受検者の言葉が聞き取れないときや応対者の質問に答えられないときに、模擬応対者から質問することがあります。

※想定にないことは自由に会話して構いませんが、加点にも減点にもなりません。

※文中の会社／団体名・人物氏名・住所・電話番号などはすべて架空のものです。

模擬応対者の方へ

実技問題を確認の上、下記の模擬応対者情報並びに発言例を基に応対してください。また、問題に書かれている注意事項に沿って応対してください。

模擬応対者は2名です。男女を特定していません。

<ケース1　模擬応対者情報>

氏名	渡辺　智（わたなべ　とも）
所属・役職	もしもし物産株式会社　アメリカ雑貨部　主任

<ケース1　模擬応対者の状況>

あなた（渡辺　智〔わたなべ　とも〕）は、もしもし物産株式会社アメリカ雑貨部の主任です。上司である坂本部長は、今週アメリカに出張中で、帰国は3月5日（日）、3月6日（月）から出社の予定です。あなたは坂本部長が新商品検討会議のメンバーであることは知っていますが、開催日や開催案内など具体的なことは知りません。また企画部の梅田社員のことも知りません。

3月3日（金）10：00、出社してデスクで仕事をしていると、電話がかかってきました。

■ケース1　模擬応対者の発言例

◆ケース1の第一声。

①「おはようございます。もしもし物産アメリカ雑貨部です」

その後は、相手に合わせて、以下のように答えてください。

- 坂本部長をお願いします、と言われた場合。

  ⇒「申し訳ありません、坂本部長は今週出張で不在です。出社は3月6日（月）になります。お急ぎですか」

- 急ぎなので連絡をとれますか（急ぎなので携帯電話の番号を教えていただけますか）と言われた場合。

  ⇒「あいにく、坂本部長はアメリカに出張中です。私、部下の渡辺と申しますが、よろしければご用件をお伺いします」

- 伝言をお願いされた場合。

  ⇒「私、部下の渡辺です。伝言を承ります。どうぞ」

●伝言が終わったら（内容の復唱はせず）、
⇒「わかりました。それでは3月6日（月）お昼までに、坂本部長からお返事をするように、お伝えします」
●ほかに確認したいことがあるか、聞かれた場合。
⇒「ありません」
そのほか、相手の質問に合わせて適宜答えてください。
◆最後は相手の言葉に合わせて、模擬応対者から電話を切ります。

<ケース2　模擬応対者情報>

氏名	中村　純（なかむら　じゅん）
所属・役職	もしもし物産株式会社　西日本営業部　次長

■ケース2　模擬応対者の状況

あなた（中村　純〔なかむら　じゅん〕）は、もしもし物産株式会社西日本営業部の次長です。

今月の新商品検討会議が来週の3月7日（火）に開かれることは、2月13日（月）の企画部からのメールでわかっていましたが、出席の連絡は締め切りに間に合えばいいと考え、メールへの返信はしていませんでした。会議の事務局である企画部の梅田さんのことは以前からよく知っています。

先月は西日本営業部の売上げ成績が良く、3月1日（水）の夜には久しぶりに部下と海鮮居酒屋に行き、楽しい時間を過ごしたのですが、生ものにあたってしまったようで、腹痛のため翌日の3月2日（木）は会社を休みました。

今日3月3日（金）10：10、先ほど出社してデスクで仕事をしていると、電話がかかってきました。

■ケース2　模擬応対者の発言例

◆ケース2の第一声。
⑦「おはようございます、もしもし物産西日本営業部です」
その後は、相手に合わせて、以下のように答えてください。
●中村次長をお願いします、と言われた場合。
⇒「私です」

●今時間があるかと言われた場合。

⇒「はい」

●会議への出欠を聞かれた場合。

⇒「昨日は体調が悪く、一日休んでいました。メールの返信が締め切りを過ぎてしまってすみません」

●体調についてたずねられた場合。

⇒「もう大丈夫です。今は元気です」

●会議への出欠を再度確認された場合。

⇒「はい、出席します」

●ほかに確認したいことがあるか、聞かれた場合。

⇒「ありません」

そのほか、相手の質問に合わせて適宜答えてください。

◆最後は相手の言葉に合わせて、模擬応対者から電話を切ります。

＜注意事項＞

＊発言はできるだけこのまま言ってください。

＊意味が変わらなければ言いやすい言葉に変えても構いませんが、余計な発言を追加したり応対者を誘導したりしないでください。

＊説明にわからない部分があった場合は、質問してください。

＊相手に合わせて適宜答えることの中に確認のための復唱も含まれますが、模擬応対者は、簡潔に必要事項のみ復唱してください。

＊受検者が言葉に詰まり、黙ってしまった場合は、一呼吸か二呼吸（5秒ほど）待って前の発言を繰り返してください。

＊受検者が誤った受け取り方をした場合、「違う」と言って前の発言を繰り返してください（模擬応対者が要約しないでください）。

実技試験問題の採点基準（電話をかける）

評価のポイント

実技試験問題は、「評価表」（P12「スキルチェック表」参照）の項目評価70点＋全体評価30点＝100点満点で行います。70点以上が合格です。

３級の実技試験では、「ビジネス電話応対を行うためのコミュニケーションの基礎能力を有するかどうか」を評価します。

今回は、電話のかけ方の問題です。メールの返信がない相手に、電話で出欠の問い合わせをしますが、相手先の状況に応じ、過不足なく正確な内容を伝えられたかどうかを審査します。

必須項目	電話のかけ方の基本ができているか
	相手から返事をもらうために必要な連絡事項を、過不足なく話したか
要注意ポイント	相手の状況に合わせて、最適な情報を取捨選択して伝えたか
	親しみと節度のある応対ができたか
	心が込もった自然な話し言葉となっているか ※社内の電話連絡であるため、敬語の言葉遣いについては、加点も減点もしない（会社によって社内ルールが異なるため） ※スクリプトをそのまま読んでいる場合は、減点対象とする
基本ポイント	しっかりと名乗り、責任ある応対をしているか

(そのほか、下記について、チェックします)

- 棒読みでなく、心が込もった自然な話し言葉となっているか
- 模擬応対者との間で自然な会話となっているか
- 積極的に相手とコミュニケーションを図っているか

採点について

【項目評価】 70点

下記の項目評価点については、「スキルチェック表」（P12）をご覧ください。

最初の応対	1点～5点
基本応対スキル	4点～20点
コミュニケーションスキル	4点～20点
情報・サービスの提供	4点～20点
最後の印象	1点～5点

【全体評価】 30点

0点から30点の範囲で、採点者の裁量で加点します。

＊加点のみ

○事務的でなく、心くばりが感じられる応対ができている

○項目評価内で全体として、感動を与える応対である

○項目評価以外で全体として、感じの良い応対である

たとえば……

<ケース1の場合>

● 「お手数をおかけします」など、伝言を頼む相手への配慮の一言があった

<ケース2の場合>

● 「ご体調はいかがですか」など、相手の体調を気遣う一言があった

【採点にあたり】

自然な電話応対を重視します。そのため、言い淀み、言い直し、とちりなどがあっても、自然さの結果であれば、それ自体を減点対象とせず、それに対してリカバリーができているかどうかを審査します。

「かける電話」の攻略法

この問題は、あなたが「もしもし物産株式会社　企画部」の社員、梅田　薫（うめだ　かおる）として、2本の電話をかけるという設定です。

まず、会議案内メールで、この業務の内容を把握します。

次に、会議メンバーの出欠状況を確認しましょう。電話をかける相手（会議メンバー）が不在のときは、伝言が必要です。また、会議メンバーが欠席のときは、代理出席者の確認が必要です。

今回は、最初の連絡は「メール」、これから使うのは「電話」と、コミュニケーションツールが複数登場します。コミュニケーションツールの組み合わせや使い分けはどのようにしたらいいでしょうか。

この問題のように、設定にいろいろな条件がある場合、これからやらなければならないことを整理してみるといいでしょう。

【メモの例】

●だれに（Who）　　　：坂本部長、中村次長
●何を（What）　　　：3月7日（火）の会議の出欠
●どのように（How）　：電話またはメールで返事がほしい
●いつまでに（When）：できれば今日。
　　　　　　　　　　　無理なら3月6日（月）お昼まで

●だれに（Who）の補足：本人不在の場合、電話の相手に伝言
●何を（What）の補足　：本人欠席の場合、代理出席者を確認

上図のように、5W1H（※）でまとめると、簡潔で見やすいメモになります。

※5W1H：「5W1H」とは、「Who（だれが）」、「When（いつ）」、「Where（どこで）」、「What（何を）」、「Why（どうして）」、「How（どのように）」のことです。

電話を受ける人の立場になってみると、別の仕事をしているときに突然かかってくる状況です。それを踏まえて、電話を受ける相手にどんな言葉をかけたらいいかを考えてみましょう。

また、会議メンバー本人に直接話す場合と、伝言する相手に話す場合には、どのような違いがあるでしょうか。伝言相手には、会議案内メールは送られていません。会議メンバーであっても、返信がないということは、メールを見たかどうかが、はっきりとはわかりません。

様々なケースがあり、確認することや、伝えなければならない内容は、当然違ってきます。模擬応対者役の人と練習を重ねましょう。

索引

数字

欧文

あ

か

さ

公益財団法人 日本電信電話ユーザ協会
電話応対技能検定（もしもし検定）の実施団体。1976年（昭和51年）、電気通信利用の実態調査、サービスの評価、普及、相談受付、教育を目的として設立。ICT（情報通信技術）の利活用推進、電話応対教育を大きな柱として、各種研修・講習やコンテスト、コンクールの開催、最新情報の提供などを行う。https://www.jtua.or.jp/

横山達也（よこやま・たつや）
電話応対技能検定専門委員。株式会社NTTドコモ所属。様々な資格・検定取得のノウハウを活かして社内ベンチャーの起業を経験。講演や雑誌への寄稿多数。著書:『25歳からの勉強のルール』（明日香出版社）。

長島佳美（ながしま・よしみ）
インプレッジ株式会社代表。電機メーカー、航空会社勤務を経て独立。マナー、印象管理、コミュニケーションの観点から組織の人材育成、能力開発に向けた教育事業を提供。顧客体験（CX）向上を念頭においた接遇コンサルティングを得意とする。

吉村景美（よしむら・あきみ）
株式会社ハッピーマナークリエイト代表取締役。現代礼法研究所所属。各業界を熟知した社員のマナー・コミュニケーション教育や、大学生・高校生の面接指導まで幅広い人材育成を手掛ける。著書:『これが美しい「食べ方」のマナーです』（共著、亜紀書房）。

電話応対技能検定（もしもし検定）クイックマスター 電話応対〈第4版〉
電話応対・電話メディア、ICTツール（コミュニケーションツール）、マナー

2016年10月12日　第1版1刷
2018年 9月19日　第2版1刷
2020年10月 7日　第3版1刷
2024年 3月13日　第4版1刷

編　者　公益財団法人 日本電信電話ユーザ協会
© Japan Telecom Users Association,
Tatsuya Yokoyama,Yoshimi Nagashima,Akimi Yoshimura, 2024
著　者　横山達也、長島佳美、吉村景美
発行者　國分正哉
発　行　株式会社日経BP
日本経済新聞出版
発　売　株式会社日経BPマーケティング
105-8308　東京都港区虎ノ門4-3-12
装　丁　此林 ミサ
編集・校正　江口ひかる
DTP　シーエーシー
印刷・製本　三松堂
ISBN978-4-296-11935-6

正誤に関するお問い合わせは、弊社ウェブサイト［https://bookplus.nikkei.com/catalog/］で本書名を入力・検索いただき、正誤情報を確認の上、ご連絡は下記にて承ります。
https://nkbp.jp/booksQA
※本書についてのお問い合わせは、次の改訂版の発行日までとさせていただきます。

Printed in Japan